総合判例研究叢書

刑　　法 (20)

没　収・追　徴……………………伊　達　秋　雄
　　　　　　　　　　　　　　　　松　本　一　郎

有　斐　閣

序

フランスにおいて、自由法学の名とともに判例の研究が異常な発達を遂げているのは、その民法典が百五十余年の齢を重ねたからだといわれている。それに比較すると、わが国の諸法典は、まだ若い。最も古いものでも、六、七十年の年月を経たに過ぎない。しかし、わが国の諸法典は、いずれも、近代的法制を全く知らなかつたところに輸入されたものである。そのことを思えば、この六十年の間に極めて重要な判例の変遷があつたであろうことは、容易に想像がつく。事実、わが国の諸法典は、それに関連する判例の研究でこれを補充しなければ、その正確な意味を理解し得ないようになつている。

判例が法源であるかどうかの理論については、今日なお議論の余地があろう。しかし、実際問題として、多くの条項が判例によつてその具体的な意義を明かにされているばかりでなく、判例によつて特殊の制度が創造されている例も、決して少くはない。判例研究の重要なことについては、何人も異議のないことであろう。

判例の創造した特殊の制度の内容を明かにするためにはもちろんのこと、判例によつて明かにされた条項の意義を探るためにも、判例の総合的な研究が必要である。同一の事項についてのすべての判決を探り、取り扱われた事実の微妙な差異に注意しながら、総合的・発展的に研究するのでなければ、判例の研究は、決して終局の目的を達することはできない。そしてそれには、時間をかけた克明な努力を必要とする。

幸なことには、わが国でも、十数年来、そうした研究の必要が感じられ、優れた成果も少くないようになつた。いまや、この成果を集め、足らざるを補ない、欠けたるを充たし、全分野にわたる研究を完成すべき時期に際会している。

かようにして、われわれは、全国の学者を動員し、すでに優れた研究のできているものについては、その補訂を乞い、まだ研究の尽されていないものについては、新たに適任者にお願いして、ここに「総合判例研究叢書」を編むことにした。第一回に発表したものは、各法域に亙る重要な問題のうち、研究成果の比較的早くでき上ると予想されるものである。これに洩れた事項でさらに重要なもののあることは、われわれもよく知つている。やがて、第二回、第三回と編集を継続して、完全な総合判例法の完成を期するつもりである。ここに、編集に当つての所信を述べ、協力される諸学者に深甚の謝意を表するとともに、同学の士の援助を願う次第である。

昭和三十一年五月

編集代表

小野清一郎　宮沢俊義

末川博　我妻栄

中川善之助

凡例

一　判例の重要なものについては、判旨、事実、上告論旨等を引用し、各件毎に一連番号を附した。

二　判例年月日、巻数、頁数等を示すには、おおむね左の略号を用いた。

大判大五・一一・八民録二二・二〇七七　（大審院判決録）

（大正五年十一月八日、大審院判決、大審院民事判決録二十二輯二〇七七頁）

大判大一四・四・二三刑集四・二六二　（大審院判例集）

最判昭二二・一二・一五刑集一・一・八〇　（最高裁判所判例集）

（昭和二十二年十二月十五日、最高裁判所判決、最高裁判所刑事判例集一巻一号八〇頁）

大判昭二・一二・六新聞二七九一・一五　（法律新聞）

大判昭三・九・二〇評論一八民法五七五　（法律評論）

大判四・五・二二裁判例三・刑法五五　（大審院裁判例）

福岡高判昭二六・一二・一四刑集四・一四・二一一四　（高等裁判所判例集）

大阪高判昭二八・七・四下級民集四・七・九七一　（下級裁判所民事裁判例集）

最判昭二八・二・二〇行政例集四・二・二三一　（行政事件裁判例集）

名古屋高判昭二五・五・八特一〇・七〇　（高等裁判所刑事判決特報）

東京高判昭三〇・一〇・二四東京高時報六・二・民二四九　（東京高等裁判所判決時報）

札幌高決昭二九・七・二三高裁特報一・二・七一　（高等裁判所刑事裁判特報）

前橋地決昭三〇・六・三〇労民集六・四・三八九　（労働関係民事裁判例集）

その他に、例えば次のような略語を用いた。

裁判所時報＝裁　時　家庭裁判所月報＝家裁月報

判例時報＝判　時　判例タイムズ＝判　タ

目次

没収・追徴

伊達秋雄
松本一郎

はしがき

本書においては、昭和三七年一二月までの没収・追徴に関する重要な判例を集めてみた。没収・追徴は、その性格をめぐつて刑法理論上争のあるところであり、実務上も割り切れない難問を含んでいる。したがつて、従来の判例を理解し整理するだけでも大変骨の折れる仕事であつた。貧しい出来ばえではあるが、本書が、この分野の実証的研究の手引となれば、著者としては満足だと思つている。

なお、第三者の所有物の没収手続については「刑事事件における第三者所有物の没収手続に関する応急措置法」が制定され、昭和三八年八月一日から施行されているので参照せられたい。

本書の共著者松本一郎氏は、私が東京地裁にいた頃陪席判事を勤められ、現在弁護士であるが、その実力に対しては深く信頼していたので、多忙な折柄特に協力をお願いしたのである。

昭和三八年一〇月

伊達秋雄

一　没収の概念

没収とは、物の財産権を剝奪し、その所有権を国庫に帰属させ、あるいはこれを使用不能の状態におく刑罰であつて、死刑、懲役、禁錮、罰金、拘留並びに科料などの主刑を科する場合に、これに附加してのみ言渡すことができる（刑九）。もつとも法定刑が拘留または科料の犯罪については、特別の規定がない限り、刑法一九条一項一号の犯罪組成物件を除き、没収を科すことができない（刑二〇）。軽微な犯罪についてまで一般的に没収を科すことは、その必要性に乏しいのみならず、場合によつては苛酷にすぎる結果をもたらすからである。

かように没収は刑罰の一種であるから、刑法、刑事訴訟法における刑罰一般に関する規定は、特別の規定がない限り、当然没収にも適用される。刑法六条の刑の変更の場合の新旧両法の比照は、原則として主刑のみについて行い（大判明四二・一一・二一刑録一五・一二〇）、主刑につき適用法が決まれば、附加刑たる没収についてもこれによることとなる（大判明四四・四・二八刑録一七・七〇一、昭一七・七・一六刑集二一・二九九等）。しかし、主刑が同一で附加刑に軽重がある場合には、これを比較して適用法を決めるべきである（大判明三四・四・一二刑録七・四・四三）。また後述のように、第一審で科さなかつた没収を被告人控訴の第二審で科すことは、不利益変更の禁止に違背することになる（後掲【106】）。

このように、没収は形式上は明らかに刑罰であるが、その実質をみると、そこには刑罰概念で包摂できないものがある。刑罰を犯罪者に対する非難もしくは制裁と解する以上、その効果は彼自身に対してのみ及ぶべき筋合であるが、没収は、場合によっては当該被告人以外の者にもその効果を及ぼす。一九条二項の「犯人」には、訴追されない共犯者をも含み(後掲【67】)、禁制物については、所有関係の如何を問わず没収することができる(後掲【77】)。しかも昭和一六年法律第六一号による刑法一部改正の結果新設された同項但書は、没収が第三者に効力を及ぼす場合を明らかに規定するに至った。また後にみるように、関税法一一八条その他の特別規定にあっては、いわゆる第三者没収または無差別没収を規定することが屢々である。かように、犯人以外の第三者の所有権の剝奪ということは、今日の刑罰理念にとって解決できない矛盾である。近時没収の本質を保安処分と解する学説が有力であるのは、主としてこの点によるものであろう。

もともと没収は、古代法以来財産刑の一つとして観念されてきたものであって、一般財産の没収から特定物件の没収へと転化した今日においても、その刑罰的性格を完全に否定し去ることはできないものと考える。このことは、現行刑法が依然没収に刑罰としての形式を賦与していることからも、容易に窺うことができるであろう。「名ハ実ノ賓」に外ならないのである。実際問題としても、目的物の財産的価値が高いものである場合には、没収の財産刑的効果を十分期待することができる。その合理性はともかくとして、関税法一一八条の船舶、航空機の没収のごときは、その最も甚だしいものといえよう。しかも犯罪による不正利得の剝奪を目的とする没収(一九3、4号)は、それができない場合、換刑処分として犯人の一般財産に対する追徴(一九ノ二)に転化し得るものであって、ここにおいてその制裁的意義は顕著といわなければならない。

しかしながら、このように没収から刑罰的性格を払拭し去ることはできないにせよ、犯人の一般財産に対する罰金刑制度が確立した今日においては、没収の財産刑的意義が一般に稀薄化してきたことは否定できない。このことは、殊に犯罪組成物件、供用物件、産出物件の没収についていえるであろう。偽造罪における偽造文書、放火に使用されたマッチのような物の没収が、果して犯人にどれ程の財産的苦痛を与え得るであろうか。更にまた、比較的最近において立法化された第三者所有物の没収のごときは、犯人に対してはせいぜいその物の占有を剝奪し、その使用を不能ならしめる程度の効果をもたらすに過ぎず、その刑罰的効果は甚だ乏しいものといわなければならない。

かように考えてくると、没収の実質を、あるいは刑罰、あるいは保安処分と、一元的にわりきって理解することには疑問が生ずる。没収は、ある場合にはその刑罰的要素が強く働き（例えば返還された賄賂の没収）、ある場合にはその物から生じる危険を防止するための対物的保安処分としての意義が著しく（例えば偽造文書の没収）、またある場合には訴外第三者に対し、刑罰に類似した制裁的効果をもたらす（例えば、犯罪の報酬として得た美術品を、その情を知りながら正当な対価を払って取得した者に対する没収）こともあるのであって、それは多元的な意義、機能を包蔵するものといわなければならない（この点については、伊達「没収」刑法講座第一巻所収参照）。

ただ、これを強いて大別するならば、物そのものの危険に着目してその除去を目的とする保安処分的性格の強い没収と、犯罪による不正な利得の剝奪を目的とする刑罰的性格の強い没収とに分類することができるであろう。前者にあたるものとしては、一九条一項一、二号所定物件並びに三号の犯罪産出物件の没収があり、後者にあたるものとしては、同項三、四号所定物件（但し産出物件を除く）の没収がある。改正刑法準備草案は、没収の要件を前者(草案七三)と後者(同七二)にわけて規定し、前者については、それが第三者の所有に属する場合でも、再び犯罪行為を構成しまたは犯罪行為の用に供される虞があるとき、その他公益上没収を相当とするときに限り、補償(七七)を条件として没収し得るものとしている(没収の実質に対する優れた考察として、植松正「没収」刑事法講座第三巻所収、また没収制度の沿革、没収ことに無差別没収等の性質につき鋭い分析と批判を加えたものとして、谷口正孝「没収及び追徴の研究」司法研究報告書第八輯第四号参照)。

翻って、判例の没収に対する態度をみるに、一方では「没収ハ附加刑ニシテ其ノ刑罰タル性質上共犯人ノ総員ニ対シ各別ニ科スベキモノ」(大判大一一・一一・二六刑集一・八三三、同旨、最判昭二四・五・二八刑集三・六・八七八)としてその刑罰たる性質を強調しながらも、他方、刑法一九条二項にいわゆる「犯人」とは、「現ニ審判セラルル犯人ノミニ限ラズ、其共犯ニシテ已ニ審判ヲ経判決ノ確定シタル者ヲモ之ニ包含指称セルモノ」(大判明四四・二・一三刑録一七・七五)とし、「共犯ニシテ未ダ訴追ヲ受ケザル者ノ所有ニ係ルモノト雖亦犯人ノ所有ニ属スルモノ」(大判大一一・五・一九刑集一・三二六)となし、更に法禁物は勿論(最決昭三一・一一・一刑集一〇・一一・一五二五等)、その物の返還請求権が犯人以外の者に属さない場合にも没収できるもの(最判昭二四・五・二八刑集三・六・八七三)としている。これらは、判例が没収の性質を多元的なものとして理解していることを示すものであろう。

なお、改正刑法準備草案は、没収を附加刑とすることから解放していわゆる対物訴訟の制度を採用し、没収の要件が備わるときは、犯人を訴追しない場合(例えば起訴猶予)または犯人に刑を言渡さない場合(例えば刑の免除)にも没収処分をなし得ることとしている(草案七五)。

二　没収の要件

一　総　説

刑法一九条は没収の一般的規定であるが、同条の没収は任意的であつて、その裁量は事実審裁判所の職権に属する（大判明四二・三・八刑録一五・一九五）。いわゆる禁制品といえども、必ず没収しなければならないものではない（阿片煙につき大判昭八・七・六刑集一二・一一二五）。

没収は附加刑であるから、犯罪事実として認定することなく、従つて主刑の言渡をしていない事実に関する物件を没収することはできない（最判昭二九・三・二六刑集八・三・三三七）。しかし、牽連犯の場合には、必ずしも重い罪との関係において没収する必要はなく、いずれの犯罪の関係で没収しても差支えない（後掲【35】）。

物価統制令三三条但書がいわゆる超過額によつて法定罰金額を定めていても（超過額が一〇万円を超えた場合は、その三倍以下の罰金に処するとする）、右は刑法一九条、一九条ノ二の適用を排除するものではない。刑法一九条一項三、四号の没収並びにこれに代る追徴が、不正利得の剝奪を主たる目的とするのに対し、罰金は本来それを目的とするものではなく、かような場合に副次的にそのような効果をもたらすにすぎないからである。

【1】「……物価統制令第三三条但書の規定は、この種の犯罪が不法利得の獲得を主目的とすることに鑑み、その取締のため最も適当な主刑の範囲を定め、かたがた犯人の獲得した不法利得を没収又は追徴し得ない場合があるのに備えたものであつて、必らずしも不法利得の剝奪のみを目的としたものではなく、それは

罰金刑の効果として考えられているに過ぎない。それゆえ、犯人の獲得した不法利得を取り上げる場合にも、それを罰金の効果として行なうか、または附加刑たる没収または追徴の方法を以てするか、あるいは両者を併せ用いるかは、各事件の犯情に応じ裁判官が自由に裁量し得るのであって、前記物価統制令の規定が一般法たる刑法の規定を排斥するものと解すべきでない」（最判昭二五・七・四刑集四・七・一一五五）。

没収更には追徴については、特別の規定が少くない。特別規定による没収及び追徴については後述するが、没収、追徴を必要的とするものとして、刑法一九七条ノ五、公職選挙法二二四条・二三三条、関税法一一八条、酒税法五四条四項、たばこ専売法七五条、麻薬取締法六八条等があり、物の所有関係につき特則を設けるものとして、酒税法五四条四項、麻薬取締法六八条、食糧管理法三二条二項、漁業法一四〇条、銃砲刀剣類等所持取締法三六条等がある。これら特別規定が適用される場合には、刑法の没収、追徴規定の適用は排除される（収受された賄賂につき大判大一一・四・二二刑集一二・九六、酒税法につき最判昭二五・六・六刑集四・六・九四四、関税法につき最判昭三二・二・二一刑集一一・二・八四九、たばこ専売法につき最判昭二八・八・二五刑集七・八・一七六二等）。

しかし、このような必要的没収の規定がある法令違反の場合でも、かかる特別規定に該当しない物については、なお補足的に刑法の一般的規定に従って裁量的没収を行うことを妨げない。

【2】「所論狩猟法第二十一条第二項ノ規定ハ、没収ニ関スル特別規定ト解スベキモノナルガ故ニ、同法第三条、同第十五条違反ノ犯罪ニ関シテハ其ノ没収ノ言渡ヲ為スニ付右第二十一条第二項ノ規定ニ依ルベキコト明白ナルモ、之ノ規定アルガ為他ノ同法違反ノ犯罪ニ付テハ、犯罪ノ用ニ供シタル物件ト雖モ之ガ没収ヲ許サザル趣旨ナリト解スベキニ非ズ。然ラバ判示狩猟法違反ノ犯罪ニ付其ノ用ニ供シタル猟銃ヲ没収スベキヤ否ヤハ、刑法第十九条ニ則リ之ヲ判定スベク、原判決ガ判示猟銃ヲ判示狩猟法第十一条第一号違反ノ犯罪ノ用ニ供シタルモノトシテ刑法第十九条第一項第二号、第二項ニ則リ之ヲ没収スベキ旨ノ言渡ヲ為シタル

ハ相当ニシテ、原判決ニハ所論違法ノ点ナク論旨理由ナシ」（大判昭一三・五・九刑集一七・三二〇）。

【3】「刑法第一九七条ノ四は「収受シタル賄賂ハ之ヲ没収ス」というのであるが、本件における問題の二万円は相手方によつて収受を拒否されたのであつて、すなわち「収受シタル賄賂」ではないのであるから、同条によつて没収し得べきものではないのである。すなわち原判決はこの点において違法であつて、破棄をまぬがれない。（中略）しかし刑法第一九七条ノ四は同法第一九条を排斥するものではなく、問題の現金二万円は贈賄の「犯罪行為ヲ組成シタル物」として刑法第一九条により没収せられ得べきものであるから、その処置を執るのを適当と認める」（最判昭二四・一二・六刑集三・一八八四）。

後述のように、判例は金員の貸与を受けて賄賂を収受した場合、右金員そのものは賄賂でないから、これを刑法一九七条ノ五によつて没収、追徴することはできないが、かかる場合も裁量的没収、追徴の適用を妨げないとし、これを犯罪行為によつて得た物にあたるとする（後掲【56】【57】）。また判例によれば、関税法一一二条の犯罪貨物が甲から乙に譲渡された場合、既に乙に対して右貨物を没収する旨の判決があつた以上、もはや同法一一八条二項により甲に対して貨物の価額の追徴を科することを得ないが、刑法一九条一項四号、一九条ノ二により犯罪貨物の対価を没収しあるいはその価額を追徴することは妨げないとされている（後掲【183】）。

二 没収の目的物

（一）没収の対象となる物は、後述のように刑法一九条一、二項の要件に該当する有体物をいい、動産たると不動産たるとを問わない（明四一・八・二三、民刑甲一五九号民刑局長回答、刑事先例彙纂一三）。債権その他の無形財産権も、有価証券に化体され、有体物と同様に物理的に管理可能な性質を有する場合には、没収の対象となる。判例はいわゆる相対的有価証券に属する株券についてもこの理を認め、株券没収の効力は右株券に表彰された株主権に及ぶものとする。

【4】「刑事判決において「経済関係罰則ノ整備ニ関スル法律」四条により株券が没収されたときは、没収の効力は右株券に表彰される株主権に及ぶと解すべきであり、云々」（最判昭三七・四・二〇民集一六・四・八六〇）。

【5】「控訴人は、上記判決で没収されたのは紙片である株券自体にすぎなくて、株主権は没収されたものでないと主張するから、その点について判断する。控訴人が日野原節三から賄賂として収受したのは、たんなる紙片としての株券ではなく、利益配当請求権、残余財産請求権、及び場合によっては与えられる新株引受権等を包含している株主権といわれる株式であることはもちろんである。経済関係罰則の整備に関する法律第四条の精神は、控訴人が賄賂として収受した利益を控訴人に保有させることなく、すべてこれを国家に没収させる趣旨であって、それは刑法第一九条による没収と全く同じ趣旨である。没収は、被告人が賄賂として収受したものそのものの権利を被告人から奪うことがその目的であるから、できる限り、そのもの自体を没収すべきである。没収の対象となるのは本来有体物であることは控訴人主張のとおりであり、株券は控訴人主張のように、いわゆる相対的有価証券ではあるが、株券が発行された場合には、株主権は株券に化体されていて、株券の授受によって株主である権利が移転するものであって、有体物と同様に物理的に管理可能な性質を有するのであるから、被控訴人主張のように、株主権を表彰する有価証券である株券は没収の客体となるものと解するを相当とする。従って、上記判決で没収したのはたんなる紙片としての株券ではなく、株主権を表彰した株券であると解するを相当とする」（前掲【4】判例の第二審判決、東京高判昭三二・四・二六下級民集八・四・八二三）。

没収の対象物は、実質的にみた場合、社会的危険性のない物または経済的価値のない物であっても差支えない。今日の実務においても、犯罪に関係ある不浄な物を忌み祓わんとする趣旨からか、放火罪に供されたボロ切れ、殺人罪に供された石塊等を没収する例がある。かかる物の没収も勿論適法ではあるが、実質的にはあまり意味のないことのように思われる。

【6】（マッチの軸棒五本を没収した原判決を攻撃する弁護人の主張に対して）「……刑法第一九条第一項第二号の規定たるや、苟くも犯罪行為に供し又は供せんとしたる物であり、而もその物犯人以外の者に属さない以上は、その社会的危険性の有無、経済的価値の有無を論ぜず総べてこれを没収し得るものと解すべきを相当とすべく、云々」（東京高判昭三二・五・八東京高時報刑八・五・一一六）。

（二）没収は、原物と同一性のあるものあるいはこれと一体をなすものについても言渡すことができる。

金銭は、これを両替しても、通貨たるの性質には変りがないから同一性を失わず依然没収の対象たり得る。

【7】「金銭ハ之ヲ両替スルモ其性質ヲ変更スベキモノニ非ザレバ、原判決ガ所論ノ如ク供与ニ係ル十円札二枚ヲ両替シタル一円札二十枚ヲ没収シタリトスルモ不法ニ非ズ」（大判大七・三・二七刑録二四・二四八）。

【8】「……財産ニ対スル犯罪ニ於テ犯人ガ通貨ヲ盗取シテ其ノ両換ヲ為シ、贓金ガ変体シタル場合ト雖、其ノ変体物ガ通貨タル以上ハ贓物依然犯人ノ手ニ存スルモノト解シ、（編註、刑法施行法）第六十一条ノ規定ヲ適用シ之ヲ処分スルハ最高度ニ於テ代替性ヲ有スル通貨ノ性質ニ適スルモノト謂フベク、従ツテ原判決ガ所謂贓金ノ両換ニ因リ変体シタル判示紙幣ニ付為シタル還付処分ハ正当ニシテ、論旨ハ理由ナシ」（大判大一一・二・七刑集一・三四）。

もつとも、右は両替前の金銭並びに両替後の金銭が共に特定していることを前提とするものであつて、右金銭が他の金銭と混和する等して特定できなくなつたときには、もはや没収することは許されない。

【9】「被告人が西田久作から返還を受けた金百四十円の金銭は、性質上代替物であるから、押収されていたとか又は封金で特別に保管されていたとかその他特定していることが明かでない限り、没収することができない場合に該当するものとしその価額を追徴することは毫も差支えないところである」(最判昭二三・六・三〇刑集二・七・七七七)。

【10】「原判示の金二万円は同判示の如き趣旨の下に被告人が高木高次から供与を受けたものであることは前記認定のとおりであるところ、被告人の司法警察員に対する第二回供述調書、小林継太郎名義の任意提出書、領置調書の各記載によれば、被告人は四月二十七日頃前記供与を受けた二万円の中約千五百円位を飲酒に使用したが、その後関係者等が検挙されたことを聞いたので、右の金員を返還するため小林継太郎から一万円を借り受けてその不足分を補充して二万円となし、小林から封筒を貰い受けてこれに納め同人に預けたこと、小林はこれを警察署に提出したので警察署においてこれを押収し、検察官はこれを証拠物として原裁判所に提出したものであることが認められるから、右押収にかかる紙幣全部が被告人の供与を受けたものに該当しないことは明らかであるのみならず、そのいずれがこれに該当するものであるかもこれを区別することは困難である。かくの如くそのものが特定していることが明らかでない場合には、仮りに金員が押収されているとしても没収できない場合に該るものとしてその金員を追徴しなければならないものと解する。(最高裁大法廷昭二三・六・三〇判決参照、前掲【9】)故に原判決が被告人に対し金二万円を追徴したのは正当であつて、所論の如き法令の適用に違反するものということはできない」(東京高判昭三〇・三・二五東京高時報刑六・三・七一)。

ただし、賍金の還付につき金銭の特定性をゆるやかに解した次の下級審判例がある。

【11】「押収中の現金一六八、二〇〇円の中には、判示一及び二の被害者(所有の?)現金が入つていることは取調べた証拠により明らかであるが、そのうちの如何なる通貨がどの犯罪行為による賍物であるというふうに、通貨を犯罪と結びつけて特定することはできないけれども、通貨は高度の代替性を有するものであり、右の如く限定された押収金の中に賍物たる現金が入つていることが明白である場合には、そのひとつひ

とつの通貨を指定することができなくても被害者に還付すべき理由が明らかであるといい得るから、刑事訴訟法第三四七条第一項により前記押収中の現金の中から、判示一の被害者黒岩茂雄に金五〇、〇〇〇円を、判示二の被害者北村弘一に金二、〇〇〇円をそれぞれ還付することとし……」（長野地諏訪支判昭三三・七・三一判時一六二・三五）。

被害者の権利保護のための還付制度の趣旨からいえば、この場合右の程度の特定性があれば十分といえるであろう。しかし、これを没収・追徴の場合にまでも及ぼすことはできない。そうでないと、金銭についての没収・追徴の区別の標準は全く失われてしまうからである。没収はあくまでも「物そのもの」を対象とするものであるから、【9】【10】の判例の趣旨は依然維持されなければならない。刑事訴訟法一二二条による押収物の換価代金は、原物と同一視すべきものであるから没収の対象となる。

【12】　食糧管理法違反罪の組成物件たる粳精米、小豆に関して、「換価代金は法律上被換価物件と同一視すべきものでその対価ではない」（最決昭二五・一〇・二六刑集四・一〇・二一七〇）。

原物の同一性を失わない程度の加工は、没収の妨げとならない。

【13】「賄賂トシテ収受シタル反物ヲ以テ単衣ヲ製シタル場合ノ如キハ、未ダ其現物ヲ没収スルコトヲ能ハザル程度ニ加工変更シタルモノト謂フヲ得ズ。又所論附属材料（編註、肩当、襟芯等をいう）ノ如キハ、之ヲ分離シテ別ニ処分スルノ必要アル程度ノ価値アルモノト認ムベカラザルヲ以テ、原判決ガ所論単衣全部ヲ没収スベキモノト為シタルハ相当ナリ」（大判大六・三・二刑録二三・一三九）。

【14】「弁護人は「前記オーバー及びワイシャツは、加工によつて生地が他の物と合体し、一個の新しい物体に変更したものであるから、斯る物体を没収することは許されない」旨主張するけれども、賄賂として収

受した洋服地又は羽二重生地を用いてオーバー又はワイシャツを製造したような場合は、いまだもつて其の現物を没収することが出来ない程度に加工変形したものと言うことを得ないのみならず、既に截断されてしまつたオーバー裏生地や、縫糸、紐釦のようなものについては、これを分離して別に処分する必要がある程度の経済的価値を認め得ないから、原判決がこれ等加工によつて出来上つた製品の全部を一体とし、各其の没収を言渡したことは、いずれも相当(である)」（名古屋高判昭二六・一二・一〇刑集追・一八）。

狩猟法違反の行為によつて捕獲した親狸二頭の飼育中に産れた二頭の仔狸について、これら仔狸も本件犯行によつて得られた物として没収することを認めた判例がある。

【15】「所論仔狸二頭ハ本件犯行当時既ニ懐胎セラレアリタルコト記録ニ徴シ明ナレバ、親狸ト共ニ本件犯行ニ因リテ得タル物ト認定シテ之ヲ没収スルモ敢テ不当ニ非ズ。原判決モ亦此ノ趣旨ニ従ヒテ判示没収ノ言渡ヲ為シタルモノト解セラルルヲ以テ、理由不備ノ違法アリト為スベカラズ。蓋シ犯罪ニ因リテ得タル物ヲ没収スルハ犯人ヲシテ犯罪ニ因リテ利得ヲ為サザラシムル趣旨ナルガ故ニ、事後ノ事情ニヨリテ其ノ物ノ価値ヲ増加スルモ之ヲ没収スルコトヲ妨ゲズ。而シテ原判決ニ於テ被告人ガ本件ニ於テ捕獲シタル狸ハ雌雄ノ親狸各一頭ナルコトヲ判示シタルニ止リ、雌狸ノ当時懐胎中ナリシコトヲ明示セザリシハ稍精密ヲ欠クニ似タリト雖、事実上親狸二頭及其ノ胎児ナリシコト判示全体ニ徴シテ之ヲ推認スルニ難カラズ。従テ犯行当時ニ在リテハ親狸及其ノ仔狸ハ一体ヲ為シタルモノト認ムルヲ相当ナリトスベク、爾後ノ自然ノ分娩事実ニ因リテ二頭ガ四頭ニ増加シタレバトテ、該仔狸ヲ目シテ所論ノ如ク被告人ガ間接ニ親狸ヲ利用シテ得タル物ト做スハ妥当ニ非ザレバナリ」（大判昭一五・六・三刑集一九・三三七）。

右判決は、仔狸が捕獲当時既に雌狸の胎内にあつたことに力点をおいている。しかし、動物の仔のような自然果実は、犯罪によつて得た物の利用により間接に得たものではなく、原物の自然増加とみることができるから、たとえ右仔狸が親狸の捕獲後に懐胎分娩されたものであつても、没収を妨げないものと解すべきであろう（竹田直平「法と経済」一四・四・五七三、日沖憲郎「刑事判例評釈集」三・一五三）。
加工によつて、原物が別個の物の一部になつたと認められる場合には、もはや没収することを得ない。

【16】「……賄賂トシテ収受シタル反物ヲ以テ着物ノ表ト為シタル場合ノ如キハ、加工ニ依リ該反物ガ他ノ物ト合体シ一ノ新シキ衣類ニ変更シタルモノナレバ、現物ヲ没収スルコト能ハザルハ勿論ニシテ、該反物ヲ費消シタルモノト認ムベキモノトス」（大判大六・六・二八刑録二三・七三七）。

【17】「原判決が没収した人絹格子縞織物二疋は、記録に徴すれば被告人が買受けた人絹糸を製織して生産したものではあるが、人絹糸それ自体ではない。而して刑法第一九条に所謂犯罪行為により得たる物とは、そのもの自体に何等変更を来していない当初の儘のものを指称し、そのものに工作を加えた結果、性質、用途、価格等に於て犯人が得たる当時とは社会通念上別物と見られるに至つた時は、最早犯罪行為により得たるものとは言い得ない。従つてこの場合右の物件につき責任を追求せんとすれば、没収不能として之を換価しその価格を追徴する外はない……」（名古屋高金沢支判昭二五・二・一三特七・二一）。

これら判例と同趣旨に出るものとして、犯罪組成物件たる小麦粉六貫匁に飴その他の材料を加えて加工した煎餅一八貫五一五匁は、その性質、用途、価格等において社会通念上右小麦粉とは別物と見られるに至つたもので、小麦粉に代わるものとして右煎餅の換価代金を没収することは許されないとした判例（東京高判昭二六・一一・九特二五・四一）がある。

（三）　主物を没収できるときは、当然その従物も没収することができ、一方主物を没収する旨の判決は、従物に対しても効力を及ぼす。

【18】「主タル物件ヲ没収スルノ判決ハ従タル附属物件ニ及ブ」（ボロとこれに附属する箱荷、皮油紙等に

つき）（大判明二九・六・五刑録二・六・一）。

【19】「所論判示匕首ノ鞘及其ノ袋ハ、其レ自体犯罪ノ用ニ供シ若クハ犯罪ノ用ニ供セントシタル物ニ非ザルモ、本件犯罪ノ用ニ供シタル匕首ノ室及之ヲ包装セル袋ナレバ、匕首ノ附属物ニ過ギズ、固ヨリ独立シテ何等ノ用ヲ為スモノニ非ズ、所謂従物ナリト解スベキモノトス。然ラバ原判決ガ所論ノ如ク説示シ主物タル匕首ヲ没収スルト共ニ其ノ従物タル鞘及袋ヲ没収シタルハ相当ナリ」（大判昭二・八・二三刑集六・二九二）。

同様に、桿秤に不正の工作を加えて禁制物となつたときは、その分銅も一個の衡器の一部として没収される（大判明四〇・五・二〇刑録一三・四六五）。杖刀を没収する場合には、その鞘も従物として没収の対象となる（大判明四四・四・一八刑録一七・六一二）。その他放火に用いられた油とその容器（大判大一三・一二・三新聞二三四一・一六）、酒の容器たるかめとそれを包装するためのこも（東京高判昭二九・五・二五特四〇・一二三）、拳銃とそれに附属する補助弾倉、革製サック（最判昭二四・一一・一裁判集刑一四・三七七）、拳銃用実包とその薬莢（試射済実包の薬莢につき、最判昭二五・一二・二八裁判集刑三八・一〇一一）等々。

短銃に装塡してある弾丸は、これを被害者に向けて故殺罪の実行の着手があつた以上、既発、未発に拘らず犯行の用に供されたものというべきであるが（後掲【42】）、装塡もされず、身辺に携えてもいない実包を猟銃の従物として没収することは許されない。

【20】「……従物とは、民法第八七条によれば「物の所有者が其の物の常用に供する為自己の所有に属する他の物を以て之に附属せしめた場合」をいうのであり、常用とは社会経済上継続して主物の効用を全うせしめる働きをいい、附属とは物理的意味に於て附属せしめるか、又は之と同視し得べき状態に於て附属せしむることをいうものと解される。故に或る物の効用に供する為の物であつても、場所的にへだたつた場所に置かれてあつて常用に供せられていないと認められる如き場合に於ては、主物従物の要件を欠くのである。今本件についてみるに、没収に係る実包は本件公務執行妨害罪に際し判示猟銃に装塡されたものでなく、又

被告人がその身辺に携えていたとも認められないこと前記の通りであり、其の他平素被告人が之を猟銃の常用に供していたと認むべき点を発見し難いから、右実包を本件猟銃の従物であると判断するについては躊躇せざるを得ない。即ち本件実包を没収するについては充分なる理由がないことになるから、原審が之を没収したのは相当でな(い)」(東京高判昭二七・一〇・一四特三七・四三)。

(四)　判例によれば、没収の理由が物の一部に存するに止まる場合でも、これを除いた他の部分が独立の効用を有しないときには、その全部を没収することができる。

文書の一部分が偽造に係る場合につき、

【21】「伊藤魁三ガ証人トシテ署名捺印シタル届書ハ、届出人山川茂助、内藤熊吉及いの名義ノ茂助、巳之助間ノ協議離縁届書ニシテ、原院ノ認メタル如ク養親ノ地位ニアル所ノ茂助ノ署名、養子巳之助ノ実父母ノ地位ニアル熊吉、いのノ署名ガ偽造ナル以上ハ、該離縁届書ハ全部ヲ偽造ナリトスベク、証人伊藤魁三ノ証人トシテノ署名捺印ノ如キハ全ク従属的ノ効用ヲ為スニ過ギズシテ、該届書主要ノ部分ガ偽造トナリタル以上ハ伊藤魁三ノ署名捺印ハ当然其効ヲ失ヒ独立シテ存在シ得ベキニアラザルニ依リ、偽造届書ノ一部分トシテ他ノ部分ト共ニ之ヲ没収スルコトヲ要シ、其署名捺印ノ正当ニ成立シタルヲ理由トシテ此部分ノミヲ除外スルコトヲ得ザルモノトス」(大判明三七・七・七刑録一〇・一五四四)。

【22】「借用証書ニ於ケル保証人ノ署名捺印ノ如キハ全ク従属的ノ効用ヲ為スニ過ギズシテ、借主本人ノ署名捺印ノ如キ証書主要ノ部分ガ偽造トナリタル以上其署名ハ当然其効力ヲ失ヒ独立シテ存在シ得ベキモノニアラザルニ依リ、偽造証書ノ一部分トシテ他ノ部分ト共ニ之ヲ没収スルコトヲ要シ、其署名捺印ノ正当ニ成立シタルヲ理由トシテ此部分ノミヲ除外スルコトヲ得ザルモノトス」(大判明三九・七・二〇刑録一二・八六四)。

【23】「……手形ノ裏書ナルモノハ独立シタル手形行為ニシテ他ノ手形行為ト分離シテ有効ニ成立シ得ベキモノナレバ、振出人ノ署名ヲ詐リ偽造シタル約束手形ト雖モ之ニ正当ナル譲渡裏書アルトキハ其裏書ハ有

効ニシテ之ヲ没収スルヲ得ズ。然レドモ本件ノ事実ハ被告ヨリ取立委任ノ趣意ヲ以テ表面上譲渡裏書ヲ為シ幾太郎ニ交付シタルモノニシテ、他ニ裏書ヲ以テ譲受ケタル第三者アルコトナケレバ、其手形ハ尚ホ偽造者タル被告ノ手ニ存スルト同一ニシテ、商法第四百三十七条ニ依リ被告ガ手形ノ文言ニ従ヒ負担スベキ責任ヲ生ジタルモノニアラザレバ、原手形ト共ニ譲渡裏書モ亦タ無効ニ帰スベク、裏書ノミ存在シテ効ヲ為スベキ筋合ニアラザルヲ以テ、原院ガ裏書ヲモ原手形ト共ニ没収シタルハ違法ニ非ズ」（大判明三八・一〇・一三刑録一一・一〇一六）。

【24】「登記申請書（証第四号）ニハ法規上登記権利者、登記義務者双方ノ氏名ヲ連書スルコトヲ要スルモノナルヲ以テ、縦シ所論ノ如ク登記権利者ノ氏名ハ偽造ニ係ラザルモノトスルモ、既ニ右登記義務者ノ氏名其他ノ部分ガ全部偽造ニ係リ没収ス可キモノタル以上、登記権利者ノ氏名ノミハ独立シテ何等効用ヲ有ス可キモノニアラザレバ、原審ニ於テ右偽造ニ係ラザル氏名ノ部分ヲ併セ叙上第四号証全部ヲ没収シタルハ相当ナリ」（大判大五・一一・一九刑録二二・八一）。

【25】「抵当権設定登記ノ申請書ハ登記権利者及義務者又ハ其代理人ノ連署ヲ要スルモノニシテ、若其前者又ハ後者ノ署名ガ偽造ニ係ルトキハ其申請書ハ全部無効ニ帰スルモノナルコト一点ノ疑ナシ。従テ一方ノ署名ガ正当ナルトキト雖之ヲ不可分ニ観察シ、其全部ヲ没収スルヲ相当ナリトス」（大判大七・六・二九刑録二四・八九七）。

同一文書中真正部分が偽造部分から独立の効力を有する場合には、偽造部分のみを没収しなければならない。

【26】「保証人トシテ擅ニ他人ノ氏名ヲ記入シ、有合印ヲ押捺シテ債権者ニ交付シタル借用証書ノ全部ヲ没収シタル判決ハ、擬律錯誤ノ不法アリ」（大判明三一・六・一〇刑録四・六・二六）。

【27】「所論ノ金六百円ノ借用証書ハ借主高野晴治ニシテ抵当貸主兼保証人トシテ擅ニ高野嘉藤次ノ名義ヲ記入偽造シタルモノナレバ、偽造ハ嘉藤次ヲ以テ抵当権ヲ設定シ及ビ保証債務ヲ負担シタルモノノ如ク仕做シタル点ニ在リテ、主タル債務ニ関シテハ偽造アルコトナク、担保ニ関スル部分ヲ没収スルモ主タル債務

ノ部分ハ有効ニ存在スルコトヲ得ルモノナレバ、没収ノ処分上之ヲ分割セザルベカラズ。夫ノ主タル債務ニ関スル部分が偽造ニ係リ担保ニ関スル部分ハ正当ナルトキハ、主タル部分ヲ没収スルニヨリ従タル担保ハ全ク効力ヲ失フヲ以テ、双方共ニ没収スルノ例ト同一ニ論ズルヲ得ズ。故ニ原院ガ偽造ニ係ル部分ノミヲ没収シタルハ相当ニシテ上告論旨ハ理由ナシ」（大判明三七・九・二九刑録一〇・一七九〇）。

【28】「……原判文ヲ閲スルニ、其法律理由ノ部ニ押第十八号ノ偽造借用金証券一通ハ刑法第四十三条第一号、第四十四条ニ依リ之ヲ没収スル旨判示シアリ。然ルニ該証中保証人清水弥五左衛門ノ保証債務ニ関スル部分ノミ偽造ニ係ルモノニシテ、借主山県昌義ノ債務ニ関スル部分ハ偽造ニアラザルコトハ判文ノ事実理由ニ徴シ明瞭ナルニ拘ハラズ、原院ハ該証書全部ヲ偽造ナリトシテ刑法第四十三条第一号ニ依リ之ヲ没収シタルハ、所論ノ如ク擬律ノ錯誤タルヲ免レズ。而シテ原判決ノ認定ニ依レバ、同証中偽造ニ係ラザル部分ハ其偽造ニ係ル部分ト共ニ詐欺取財ノ手段トシテ裁判所ニ提出シ行使シタルモノニシテ、且右証書ハ被告人ノ所有ニ係ルモノナレバ、其偽造ニアラザル部分ハ犯罪供用ノ物件トシテ之ヲ没収スベキモノトス」（大判明三九・七・二刑録一二・七九五）。

【29】「……原院認定ノ事実ヲ按ズルニ、三百円ノ貸借公正証書ハ被告自ラ債務者トナリ、之ニ川西徳蔵ノ代理資格ヲ詐リ同人ヲ連帯債務者トナシタルモノナレバ、川西徳蔵ニ関スル公正証書ノ部分ハ偽造ナリト雖モ、被告本人ニ関スル部分ハ有効ニシテ、川西徳蔵ニ関スル部分ト分割シテ存在スルコトヲ得ベキモノナレバ、其没収スベキハ川西徳蔵ニ関スル部分ノミナルニ、原判決ノ主文ニ「押収ノ貸借公正証書（予第一号）ハ没収シ」ト判示シ其全部ヲ没収シタルハ擬律ノ錯誤アルモノニシテ、此点ニ関スル上告論旨ハ其理由アルモノトス」（大判明三八・一一・一四刑録一一・一二五二）。

【30】「裏書ノミヲ偽造シタル約束手形ノ全部ヲ没収シタル判決ハ、擬律錯誤ノ不法アリ」（大判明三一・一〇・一刑録四・九・二六）。

【31】「振出人ノ署名ヲ偽造シ因テ偽造シタル約束手形ニ裏書ヲ為シ之ニ署名シタル者ハ、偽造シタル約束手形ノ文言ニ従ヒ責任ヲ負フベキヲ以テ、裏書ニシテ真正ナル以上ハ縦令偽造ノ為メ振出名義人ニハ義務ナシトスルモ裏書人ハ其義務ヲ免ガレズ。因テ該手形ノ所持人ハ裏書人ニ対シ手形上ノ権利ヲ行使スルヲ得ルモノナリ。原判決ノ認ムル事実ニ依レバ其没収ヲ言渡シタル約束手形ノ裏書ハ偽造ニアラズ。故ニ約束手形ノ偽造部分ハ犯罪行為ヨリ生ジタル物ニシテ何人ノ所有ニモ属セザルヲ以テ刑法第十九条第一項第三号及第二項ニ依テ没収スベキハ勿論ナルモ、裏書ノ部分ハ之ヲ没収スベキモノニアラズ」（大判明四五・四・二五刑録一八・五一五）。

変造文書については、その変造部分のみを没収すべきことは勿論である。

【32】「……変造ナルモノハ文書ノ一部ヲ増減変換スルニ過ギザルモノナレバ、其変造ニ係ル部分ヲ没収スルハ固ヨリ当然ナレドモ、一部ノ変造ニ係リタルガ為メ他ノ真正ナル部分マデモ併テ之ヲ没収スルノ理ナキコトハ敢テ論ヲ俟タズシテ明ナリトス。而シテ変造証書ハ執行官ニ於テ其変造ニ係ル部分ヲ截取リ又ハ塗抹シ又ハ裏書シテ、以テ没収ノ処分ヲ為スコトヲ得可シ。然ルニ原院ニ於テ右金千百七十円ノ請取証ニ付其変造ニ係ル部分ノミヲ没収セズシテ併テ全部ヲ没収シタルハ擬律錯誤タルヲ免カレズ」（大判明二八・五・二〇刑録一・三九七）。

同一文書中偽造部分と真正部分とが一体となつて分割できない場合には、その総べてが偽造に係るものというべきであるから、文書全体を没収するとした判例がある。

【33】「原判決認定ノ事実並ニ押収ノ建物払下願書、上納書、受領証ニ依レバ、本件建物払下願書、代金上納書、建物受領証ニハ、被告仙松ガ板櫃村長ノ職務権限内ニ於テ作成シタル部分ト被告末太郎ト共謀シテ偽造シタル部分トアリテ、公共用ニ供スルヲ目的トシタル小倉元予備病院病室一棟ハ私利ヲ目的トシタル同病室三棟ト合シテ病室四棟合坪三百六坪ト記載セラレ、公共用ニ供スルヲ目的トシタル附属便所一棟ハ私利ヲ目的トシタル同便所三棟ト合シテ病室附属便所四棟合坪二十四坪ト記載セラレ、有形上真正ノ部分ト虚偽ノ部分トヲ分割スルコトヲ得ザレバ、其記載ハ総テ偽造ニ係ルモノト云ハザルベカラズ……」（大判大三・一一・一九刑録二〇・

二一六九）。

同様に、振出人として他人の署名のある約束手形の金額欄に、承諾の範囲を超えた金額を記入した場合は、その全額について偽造が成立するから、右手形全部を没収することができる（大判大一五・一二・二評論一五・刑四二三）。しかしかような場合、民事的には振出人は所持人に悪意又は重過失がない限り、右補充権の濫用を以つて対抗できず、また悪意者に対しても承諾を与えた金額の範囲内においては責任を免れない。すなわち、かかる偽造手形でも民事上は有効な場合が少なくないのである。従つて、手形全部の没収にあたつては、関係人の利益を害しないよう慎重な態度が望まれる。勿論、かかる場合は刑訴法四九七条・四九八条によつて救済され得るにしても、常に必らずしもこれを期待できるわけではないからである。

三　没収の対物的要件

刑法一九条は、その一項において、物の犯罪に対する関係から没収の要件を定め、二項において、その物の権利の帰属関係からこれを定めている。本項では、先ず一項の要件について考察する。

刑法一九条一項にいわゆる「犯罪行為」とは、必らずしも実行行為、すなわち基本的構成要件に該当する行為のみに限らず、構成要件の修正形式たる教唆犯、幇助犯の各行為をも含む。ただ共犯の場合、その一人のした行為は他の者にとつても「犯罪行為」といわなければならない（最判昭二五・五・九刑集四・五・七六〇）。従つて、教唆犯、幇助犯における没収事由は、通常実行行為との関係でこれをみれば十分であり、教唆行為、幇助行為との関係で特に考察するを要するのは、一項三号の場合に限られるであろう。例えば、教唆行為、幇助行為に対する謝礼のごときは、正犯の実行行為とは直接関係がないから、教唆または幇助行為そのものに対する関係で没収すべきである。

幇助行為によって得た物の没収につき、

【34】 被告人は自らの所有する鶏一羽を提供して闘鶏賭博を行つたが、その際右鶏の使用料を受取つた。原審がこれを賭博行為により得た物として没収したことを攻撃する上告論旨に対し、

「被告ハ判示ノ賭博ヲ為スニ当リ、闘鶏用トシテ鶏一羽ヲ提供シタルヨリ之ガ使用ノ対償トシテ賭金中ヨリ二円五十銭ノ交附ヲ受ケタル事実ヲ認メ得ベク、其ノ提供ハ賭博ノ幇助ナルヲ以テ、賭博ノ正犯タル被告人ニ対シテハ別罪ヲ構成セザルモ、結局該金員ハ被告ガ本件犯罪行為ニヨリ得タルモノナルコト明白……」（大判大一三・六・二 五刑集三・五四二）。

刑法一五三条の通貨偽造、変造準備罪は、一般的な予備罪または幇助罪と異り、独立の犯罪構成要件を形成している。従って同罪の準備行為は、それ自体「犯罪行為」というべきである（後掲【38】参照）。また一項二号後段の適用にあたっては、予備行為を処罰する犯罪において犯罪が実行の着手に至らなかつた場合には、その目的とした犯罪を「犯罪行為」とみることになる。なお「犯罪行為」に過失犯が含まれるか否かについては、判例上は未だ明らかでない。過失犯に関してはその性質上一項二号の適用の有無が特に問題となるが、同号は犯人がその物を「犯罪行為ニ供シ又ハ供セン」とする意思乃至認識を必要としているものと解されるから、過失犯のごときは当然これにあたらないものと解すべきであろう。

科刑上の一罪、すなわち想像的競合犯、牽連犯においては、その軽重に拘らずそのうちいずれかの

犯罪について没収事由があれば足り、また同時に数個の没収事由に該当するときは、そのうちいずれか一個の理由により没収すればよい。

【35】「犯罪ノ間ニ手段結果ノ関係アルモノトシ、刑法第五十四条ヲ適用シ其重キニ従ヒ処断スルハ、即チ数罪ヲ包括シ一罪トシテ処分スルモノナルガ故ニ、其間主従ノ如キ関係ヲ生ズルコトナシ。従ツテ、此場合ニ於テ犯人以外ニ属セザル証拠物件ヲ没収センニハ、物件ガ其何レカノ犯罪ニ関係シ同第十九条第一項ニ該当スルヲ以テ足リ、必ズシモ重キ罪トノ関係ニ於テ没収スルヲ要セザルモノトス」（大判大二・一〇・八刑録一九・九四九）。

【36】「偽造手形ハ手形偽造罪ノ方面ヨリ観察スレバ犯罪行為ヨリ生ジタル物ニシテ、刑法第十九条第一項第三号に該当スルモ、偽造手形行使罪ノ方面ヨリ観察スレバ犯罪行為ヲ組成シタルモノニシテ、同条第一項第一号ニ該当ス。故ニ手形偽造罪及ビ偽造手形行使罪等ノ数行為ヲ結合シテ一罪ヲ構成スル本件ノ如キ事案ニ就テハ、孰レノ方面ヨリ観察シテ偽造手形ノ性質ヲ判断シ、或ハ犯罪行為ヨリ生ジタルモノトシ、或ハ犯罪行為ヲ組成シタル物トシテ没収処分ヲ為スモ、違法ニ非ズ」（大判明四四・一〇・一九刑録一七・一七二六）。

【37】「……同一物件ニシテ同時ニ数個没収ノ理由ヲ具フルトキハ、其内何レカ一個ノ理由ニ依リ之レヲ没収スルヲ以テ足レリトス」（大判明四三・五・六刑録一六・八〇〇）。

吸収犯の場合には、成立した犯罪との関係において一項各号の該当性を決める。

【38】「没収物件ガ刑法第十九条第一項各号ノ何レニ該当スルヤハ、其刑ノ科セラルベキ刑罪ノ性質如何ニヨリテ定マルモノナリトス。所論押収ニ係ル鑢鉛鋳型ノ如キ、被告ノ行為ガ刑法第百五十三条ノ犯罪ニ問擬セラルベキ場合ニアリテハ、或ハ同条偽造準備ノ目的物トシテ同法第十九条第一項第一号ニ該当スベキモ、本件ノ如ク通貨偽造行使ノ行為ヲ罪トシテ処断スル場合ニ在リテハ、刑法第百五十三条ノ偽造準備ノ行為ハ通貨偽造罪ニ包含シテ処断セラルベキモノニシテ、特ニ罪トシテ論ズベキモノニ非ザレバ、以上ノ物件ハ現ニ所罰セラルベキ通貨偽造罪ニ従ヒ其性質ヲ定メ、刑法第十九条第一項第二号ニヨリ犯罪ノ用ニ供シ又

ハ供セントシタルモノトシテ没収スベキヲ妥当トス」（大判明四五・四・二刑録一八・三八九）。

（一）　犯罪行為を組成した物　犯罪行為を組成した物とは、「法律上犯罪行為ノ構成要件ト為レル物件」（大判明四四・二・二六刑録一七・八三二）、すなわち犯罪構成要件上不可欠の物件をいう。例えば、偽造、変造文書行使罪における偽造、変造文書（大判明四三・三・一四刑録一六・四四六等）、賭博罪において賭した財物（大判大三・四・二一刑録二〇・五九六等）、賄賂供与申込罪（収受を拒否された場合）における賄賂（前掲【3】）、禁止規定（旧関税法八一、一二八）に違反して開港場以外の場所に陸揚された貨物（大判大五・一〇・二六刑録二二・一六二八）、旧公選投票偽造罪（旧刑法二三三）における偽造投票（大判昭一一・一二・二三刑集一五・一六五五）、公職選挙法二四六条四項・一八七条一項違反罪において、出納責任者でない者が選挙運動の費用として支出した金員（札幌高判昭二八・七・九特三二・四〇）等のごときである。

米軍票を入手したときは、遅滞なくこれを日本銀行に寄託しなければならないと規定する、昭和二七年政令第一二七号四条二項違反罪について、次の高裁判例がある。

【39】「本件犯罪は被告人が東京都内において入手した米軍票三百四十六弗五仙を所持しながら、これを所定の手続により大蔵大臣の指定した日本銀行へ遅滞なく寄託しなかつたといういわゆる不作為犯であつて、被告人が単に右軍票を所持していたといういわゆる所持罪でないことは所論のとおりである。しかし被告人が入手した右軍票を所持しながら所定の手続により大蔵大臣の指定した日本銀行へ遅滞なく寄託しなかつたこと換言すれば被告人が遅滞なく寄託せずに所持していたことが法律の定めた義務に違反することになるのであるから、被告人が寄託せず所持していた右軍票は結局寄託しなかつたという不作為犯を組成したものに外ならないのである」（東京高判昭三二・二・二七刑集一〇・一・一一六）。

この判例は、同じく不作為犯に関する次の最高裁判例と一見相反するかのごとくである。しかし、両者の構成要件を比較検討すると、いずれも所持自体を直接処罰の対象としない点では異るところがないが、前者においては軍票を遅滞なく日本銀行に寄託すべき義務を課することによつて、間接的には遅滞なく日銀に寄託しない結果としての所持そのものを違法と評価しているのに反し、後者においては所持自体は適法であつて、単に報告義務違反を処罰の対象としている点で差異を認め得る。両者の結論を異にする理由は、主としてこの点に求められるのではあるまいか。

【40】　原審は、被告人は麻薬取扱業者の免許を有するものであるが、その免許が効力を失つた後、引続き免許の申請をするときには（一年毎に免許は書き替えられる）、所持している麻薬の品名、数量等を厚生大臣に報告すべき義務があるにも拘らず、麻薬一九点につきその報告をしなかつたという、麻薬取締法四七条一項（昭和二八年法律第一四号による改正前のもの）違反の事実を認定した上、右麻薬を刑法一九条一項一号に該当するものとして、被告人から没収した。これに対して弁護人は、被告人はただ品名、数量の届出を怠つたという行為だけについて責任を負うべきものであるから、性質上右麻薬をもつて犯罪組成物件とはいい得ず、また右麻薬は免許を得た被告人が適法に所持していたものであるから、これを法禁物ということはできない旨主張して上告した。

「所論麻薬一九点は届出義務違反という不作為犯の犯罪組成物件ということが出来ないことは所論のとおりである。されば此の点において原判決は刑訴第四一一条第一項により破棄を免れない」（最判昭二八・一〇・一三刑集七・一〇・一九一〇）。

(二)　犯罪行為に供し、または供しようとした物　　犯罪行為に供した物とは、犯罪構成要件上不可欠の物ではないが、現に犯罪行為に利用した物件をいう。

【41】「刑法第十九条第一項第一号ノ犯罪行為ヲ組成スル物トハ、法律上犯罪行為ノ構成要件ト為レル物

件ヲ謂フモノニシテ、チーハー用印判、チーハー用紙ノ如キハ、縦令チーハート称スル賭博ヲナスニ必要ナル用具ナリトスルモ、法律上賭博罪ノ構成要素ト為レル物件ニアラザルヲ以テ、之ヲ犯罪行為ヲ組成スルモノト為サズシテ、賭博ニ使用シ又ハ使用セントシタルモノト説示シ、同条第一項第二号ヲ適用シタルハ正当ナリ」（大判明四四・二・一六刑録一七・八三）。

【42】「弾丸ハ短銃中ニ塡充シアルモノナレバ、既ニ被害者ニ向テ其短銃ヲ擬シ、犯罪〔故殺〕ノ実行ニ着手シタル以上ハ、既発未発ニ関係ナク弾丸ハ短銃ト共ニ犯罪ノ用ニ供セラレタルモノトス」（大判明二九・一〇・六刑録二・九・一九）。

その他、要塞地帯内の形状を撮影するために使用された写真機（大判明三五・一二・二七刑録八・一一・五六）、捕獲禁止場所（狩猟法一条）での狩猟に供された猟銃（前掲判例【2】）、覚せい剤を不法に所持するに用いた風呂敷（最判昭三二・一一・一九裁判集刑一二一・三一三）、賭場開帳において被告人が精算上の覚えのため賭客名とその賭金の本数を記載しておいた大学ノート紙片（東京高判昭二七・六・二一特三四・七四）等が犯罪供用物件にあたるとされる。

文書偽造に使用された偽造印章については、これを三号の生成物件にあたるとする判例（【43】）と、二号の供用物件にあたるとする判例（【44】）とがある。かかる場合の印章偽造は文書偽造のための手段であって、印章偽造の所為は文書偽造の所為に吸収されて評価される。従って、予備罪におけると同様に、実際上の目的犯罪を標準として一項各号のいずれに該当するかを定むべきであろう。この立場からすると、この種の偽造印章は二号の犯罪供用物件にあたり、【44】の判例を正当としなければならない。【45】の最高裁判例も、供用物件説をとるものと解してよいであろう。

【43】「刑法第百五十九条第一項後段ハ、印章偽造ノ所為及ビ偽造印章使用ノ所為ヲ以テ別罪トセズ、文

書偽造ノ所為ト共ニ包括シテ一罪トシテ処罰スベキ規定ナルヲ以テ、他人ノ印章ヲ偽造シ、之ヲ使用シテ権利義務ニ関スル文書ヲ偽造シタルトキハ、其偽造印章ハ即チ同条ノ犯罪ニ因リテ生ジタル物件ニシテ、犯罪供用ノ物件ニ非ズ」（大判明四三・一・二八刑録一六・五一）。

【44】「原判決ハ、本件偽造文書ニ押捺シタル偽造印ハ私文書偽造ノ行為ニ夫々供シタルモノニシテ、且何レモ犯人以外ノ者ニ属セザルヲ以テ、同法第十九条第一項第二号、第二項ニ則リ之ヲ没収スベキモノナル旨ヲ判示シタレドモ、文書偽造ノ用ニ供シタル偽造印ハ犯罪行為ヨリ生ジタルモノニシテ法第十九条第一項第三号ニ依リ没収スベキモノナルコト御院判例ノ示ス所ニシテ、原判決ノ如ク法第十九条第一項第二号ニ依リ之ヲ没収シタルハ法律ノ適用ヲ誤リタルノ違法アル判決ナリト云フニ在レドモ、

所論偽造印章ハ文書偽造ノ用ニ供シタルモノナルヲ以テ、刑法第十九条第一項第二号、第二項ヲ適用シテ之ヲ没収シタル原判決ハ相当ニシテ、印章偽造罪ノミヲ理由トシテ偽造印ヲ没収スル場合ノ判例ヲ以テ難ズル所論攻撃ハ理由ナシ」（大判昭七・七・二〇刑集一一・一一二三）。

【45】「原判決は、刑法一九条一項三号、二項により押収にかかる「静通倫印」と刻してある丸型印鑑一個を被告人らから没収するとしていること所論のとおりであつて、論旨引用の大審院昭和七年（れ）六七五号同年七月二〇日判決の趣旨に相反するわけであるが、原判決が刑法一九条を適用して所論の印章を没収している以上、同条一項各号の適用に誤があつても、判決に影響を及ぼさないことが明らかであるから、原判決を破棄する理由とするには足りない」（最判昭三六・一二・一九裁判集刑一四〇・四九三）。

犯行に直接使用された物でなくても、吸収関係、牽連関係等主刑の犯罪と一罪の関係にある行為につき利用され、それが主刑の犯行にも役立つた場合は、間接的に主刑の犯罪に利用されたものとして没収することができる。例えば、窃盗のための住居侵入の際に使用した鉄棒は、住居侵入の点が起訴されていなくても、窃盗の手段としてその用に供した物といえる（最判昭二五・九・一四刑集四・九・一六四六）。しかし、単に結

果的に犯行に役立つたというのみでは足りず、犯人が特にその犯行のために使用したものでなければならない。

【46】「……原判決は押収にかかる靴一足（証第一号）を本件犯行の供用物件として刑法第十九条第一項第二号第二項本文に従つて没収しているが、右靴は被告人が屋外路上での本件犯行の際偶々履いていたもので、被告人は右靴を履いたまま被害者坂本米相こと朱相賛の腹部を数回けり上げ以て本件傷害致死罪を犯したものであることは記録上明らかである。……少くとも同法第十九条第一項第二号の供用物件の関係に於ては単に結果から見て犯行に役立つたと云ふだけでは十分でなく犯人が之を犯行の用に供する意思を以て直接犯行の用に供し又は供せんとしたことを必要とするものと解するを相当とする。然るに本件は前記の如く被告人が被害者を足蹴にしたとき偶々靴履きのままであつたのに過ぎないものであるから、本件の供用物件ということはできない」（名古屋高判昭三〇・七・一四刑集八・六・八〇五）。

同様に、強盗が犯行の際に覆面として用いた手拭は、強盗の手段たる脅迫行為に供しまたは供しようとしたことを認め得ない以上、これを犯行供用物件とすることはできず（仙台高秋田支判昭二五・三・二九特八・七四）、また強盗犯行時に着用していた黒眼鏡、草履、ズック靴等を供用物件として没収することも違法である（仙台高判昭二七・一〇・三一特二二・一九五）。

次の判例は、「供用物件」には犯罪完了直後、その結果を確保するための用に供したものも含まれるとする。

【47】「……被告人は、鶏を窃取した後その現場又は現場附近において、該鶏を運搬しやすいようにするため切出又はナイフを以てその首を切つたものであることが認められる。而して刑法第一九条第一項第二号にいう「犯罪行為に供した物」には、犯罪の構成要件たる行為自体に供した物の外、犯罪完了直後その結果

を確保するための用に供した物をも含むものと解するのを相当とするところ、本件切出等が、被告人において窃取した鶏を運搬しやすいように処置するために使用されたもの、即ち、窃盗の結果を確保するための用に供せられたものであることは右説示のとおりであるから、原審が右切出等を、犯罪行為に供したものとして没収したのは正当である……」(東京高判昭二八・六・一八刑集六・七・八四八)。

このように「供用物件」の意義を拡げることには疑問がある。この判決の趣旨を押し進めると、窃盗犯人が窃盗現場から贓品を運搬するのに使用したトラックのごときも没収できることになろう。かくては、その限界が不明確にならざるを得ない。やはり「供用物件」とは、犯罪構成要件たる行為自体に供した物に限定して解釈すべきではあるまいか。

次に「犯罪行為ニ供セントシタル物」とは、犯行に使用しようとして準備したが、現実には使用しないで終つたものをいう。包括一罪となる犯罪においては、実行されなかつた行為のために準備された物もこれにあたる。

【48】「免許ヲ受ケズシテ医タル行為ヲ事業ト為スモノハ、医師法第十一条ニ違反スルモノニシテ、該犯行中之ニ供セントシタル薬品ハ、無免許医業ナル犯罪行為ニ供セントシタルモノニ外ナラザレバ、刑法第十九条ニ所謂犯罪行為ニ供セントシタル物トアルニ該当シ、所論ノ如ク無免許医業予備行為ノ為メ備ヘタルモノト云フヲ得ズ」(大判大五・八・二五刑録二二・一三一六)。

予備の程度で罰せられるべき犯罪の実行手段に供するため準備せられた物も、実際上の目的犯罪を標準として観察し、ここにいう「供セントシタル物」にあたるというべきである。予備罪そのものを独立の構成要件として観察し、これを標準として決めるのではない。但し既に述べたように、刑法一五三条の通貨偽造、変造準備罪は一般の予備罪とは異るから、これを同一に論ずることはできない（前出二二頁）。

【49】「……原審相被告人喜多新之助ハ、被告人等ト共謀シ田中銀之助ヲ殺害センコトヲ企テ、証第三号ノ日本刀ヲ携ヘ銀之助方附近路次内ニ到リ、次テ殺人ノ予備ヲ為シタルモノナレバ、右日本刀ハ即チ右新之助ガ殺人罪ニ供セントシタル物ナルコト論ヲ俟タザル所ナリ」（大判大一四・一二・一評論一四刑法二七二）。

現に使用されると一号の犯罪組成物件となる物につき、それが未だ使用されない段階においては「犯罪行為ニ供セントシタル物」にあたるとして、没収を認めた下級審の判例がある（【50】、【51】）。

【50】　第一審判決は「被告人上原秀夫は、三井化学工業株式会社が製造販売している人工甘味剤ミツゲンに類似の人工甘味剤を製造し、之を商品として販売しようと企て、昭和二十四年七月頃之が製造に取掛り、同二十五年一月十一日頃から肩書自宅に於て、予て知合の相被告人下河栄を介し入手所持していた右会社登録商標と同一の商標附甘味剤の各容器等に前記製造に係るミツゲン百錠宛及び同一商標入りの内容証明書等を封入した上、前項下河栄の偽造に係る福岡県衛生研究所作成名義の製品検査合格証を、其の情を知りながら、右容器等に貼付して行使し以て右会社製造に係るミツゲン百錠入赤罐等の如く見せかけて右会社の商標と同一の商標を使用し、1　昭和二十五年一月下旬頃肩書自宅に於て、石原正章に対し、右商品赤ミツゲン罐四百個を……10　同年一月下旬頃同所に於て、加納福美に対し、同品百個を各販売したものである。」という事実を認定し、適条として「刑法第百五十八条第一項、第百五十五条第一項、第十九条第一項第二号後段第二項、商標法第三十四条第一号、刑法第四十五条、第四十七条、第十条、刑事訴訟法第百八十一条第一項、第百八十二条」と判示した上、押収されている偽造の製品検査合格証三枚、三井化学工業株式会社製品封緘用ラベル一枚を被告人から没収した。

これに対する弁護人の控訴趣意の要旨は「没収の検査合格証紙は、現実に行使したものではないから偽造文書行使罪の組成物ではなく、単に犯罪を組成しようとしたものに過ぎず、これを犯行に供せんとした物にあたるとする原判決は法令の適用に誤りがある。」というにある。

「他会社製造販売にかかる商品（赤罐の容器一個に人工甘味剤ミッゲン百錠ずつ入れたもの）に類似する商品多量を製造販売する目的をもつて容器貼付用の貼紙、容器封緘用の貼紙、容器に封入すべき内容説明書等にそれぞれ他人の登録商標に類似する類似商標を表示したもの並びに容器に貼付すべき偽造にかかる福岡県衛生研究所作成名義の製品検査合格証等、容器約二万個の罐に使用する分を一括入手して準備し、その一部をそれぞれその用法に従い使用して、約千八百八十個の罐入類似商品を製造販売し、もつて、類似商標を類似商品に使用してその商品を販売し、なお右偽造の検査合格証を行使しその中途で発覚検挙された場合において、若し検挙されることがなければ引続いて右と同様に使用さるべき情況にあつたと認められる使用残りの、容器封緘用の貼紙又は偽造の検査合格証であつて、右犯罪の証拠品として領置されたものについては、これを右犯罪行為の用に供しようとした物件として刑法第十九条に従い没収することができるものと解するのが相当である。

何となれば右使用済みのものと未使用のものとの間には、その形状品質等に何らの差異なく、当初に準備されたもののうちのいずれが先に使用されるかは全く偶然のことに属し、その全部は準備された当初において既に偽造公文書の行使を伴う類似商標の使用、類似商標使用の商品販売という包括的な犯罪行為の用に供するために包括的に準備されたものであつて、右未使用のものも、これを右犯罪行為の用に供しようとしたものと解するのに何等の支障がないばかりでなく、右未使用のものをたゞ未使用という一事のみをもつて、これを犯人の手もとに保有せしむべきであるとするのは、全く実質的な理由がないからである。

原判決が、刑法第十九条第一項第二号後段第二項に則り押収にかかる本件偽造の製品検査合格証三枚（証物第二号）三井化学工業株式会社製品封緘用ラベル一枚（同第三号）を没収したのは、相当であつて、論旨は理由がない」(福岡高判昭二五・一二・二一刑集三・四・六六二)。

なお右判決は量刑不当の理由で原判決を破棄、自判しているが、その適条として「被告人上原の所為のうち偽造公文書行使の点は、各刑法第一五八条第一項第一五五条第一項に商標法違反の点は各商標法第三四条第一号にあたり、以上は刑法第四五条前段の併合罪である……押収にかかる偽造の製品検査合格証三枚(証物検第二号の一部)並びに三井化学工業株式会社製品封緘用ラベル一枚(同第三号の一部)は、被告人上原の原判示犯罪行為の用に供しようとしたものであつて、犯人以外の者に属しないから、刑法第一九条第一項第二号後段第二項によりこれを同被告人から没収し、云々」と判示している。

【51】「……被告人は、賭博の用に供すべき金員と、然らざる金員とを区別分離することなく、叙上の現金(編註、九、四六〇円)全部を、そのまま携帯して賭博の席に臨み、所携の金員を賭金として使用した結果、その内二百四十円を既に喪失し、しかも賭博を中止しようとせず、なお残余の金員を賭銭として使用しようとしていたこと、すなわち、被告人は証第一号の現金を、少くとも、犯行の用に供しようとしていたものであつたことを認定するに足り(る)」(名古屋高金沢支判昭三一・九・二五高裁特報三・二一・九九二)。

現実に使用されると組成物件になる物について、その一部を使用し、一部を未使用のまま終つた場合、右犯罪が包括して一罪となる関係にあるときは、未使用部分を「犯罪行為ノ用ニ供セントシタル物」にあたるといつてよいであろう。例えば、多数の猥褻文書を頒布の目的で準備したが、その一部を頒布しただけで検挙せられた場合、未頒布に終つた猥褻文書は一九条一項二号後段で没収できると解する。かかる場合、その犯罪は全体として一罪の評価を受けるものであるから、未使用に終つた分についても「犯罪行為」の認定があつたと同様にみて差支えないからである(前掲【48】参照)。もつとも、かかる場合未使用の分についても「組成物件」にあたるとする見解も成り立つであろうが、むしろこれは「供セントシタル物」にあたると解する方が文理上も素直な見方ではあるまいか。「犯罪行為ニ供セントシタル物」とは、必ずしも犯罪の手段に用いられようとした物に限らず、広く犯罪の実行に利用するために準備された物を意味するものと解されるからである。

　かような立場からすれば、前掲【51】の判例はこれを是認できよう。

(三)　犯罪行為より生じ、もしくはこれによって得た物または犯罪行為の報酬として得た物　犯罪行為より生じた物とは、犯罪行為により初めて作られた物をいう。偽造罪における偽造通貨（大判明四二・四・一九刑録一五・四五八）、偽造文書（大判明四三・一一・二八刑録一六・五一一）、印章不正使用罪における不正使用部分（大判明四四・一〇・六刑録一七・一六一〇）、投票偽造罪における偽造投票（大判昭一〇・四・一一新聞三八六一・一一）等がこれにあたる。文書偽造罪における偽造印章を生成物件にあるとした判例【43】については前述した。

　不実記載のある公正証書の原本は、公務員がその権限に基いて真正に作成したものであるから、不実記載罪の生成物件にはあたらない。もっとも、これの備付行使があれば行使罪の組成物件にあたるといえよう。後掲【84】の昭和四・一・三一の大判もその趣旨のことを述べている。

【52】「原判決ノ事実ニ依レバ、所論公正証書ハ不実ノ記載ナルコトヲ知ラザル公証人諏訪元八ガ其権限ニ基キ正当ニ作成シタルモノニシテ、偽造ニ係ル文書ニアラズ、単ニ其内容ニ関スル被告ノ申立ガ虚偽ナルニ外ナラザルヲ以テ、同証書ハ刑法第十九条第一号乃至第三号ノ何レニモ該当セザルモノナルニ因リ、之ヲ没収シ得ベキモノニアラズ」（大判明四二・一一・一二刑録一五・一一七）。

供出義務の対象である米穀は、供出義務不履行により生成したものではなく、また不供出に起因して取得されたものでもない。

【53】「いわゆる犯罪行為により生じまたはこれにより得たものというのは、その物が当該犯罪行為を原因として生成し、または犯人がその物を取得するに至った原因が当該犯罪行為である場合をそれぞれ指称するものであり、不作為犯が犯罪行為であるような場合において、単に作為義務の対象となるに過ぎない物のごときは以上いずれにも該当しないものと解するのが相当である。しかるに記録によると、右玄米等は、昭和二八年五月七日被告人方に存在したものを押収したものであって、供出義務の対象となるのは格別、不供出罪の本質たる供出義務不履行という不作為によって生成したものでないのはもちろんであり、また不供出罪の成立が供出義務を免れさせるものでもないから不供出に基因して被告人が取得したというような関係でもない」(大阪高判昭二九・八・五刑集七・六・九六二)。

犯罪行為により得た物とは、既存の物で犯罪行為を原因として取得した物をいう。例えば、前掲【34】の闘鶏賭博のために貸した鶏の使用料のごときである、判例によると、たとえ賍物であっても、裁判所が没収の必要を認め、且つ本条の要件を具備する限り、没収を妨げない(【54】)。しかし、これと相反する趣旨の判例もある(【55】)。賍物なるが故に、当然没収の対象となり得ないとするのは、聊か論理的に飛躍する。通常の場合、賍物は犯人以外の者に属するから、一九条二項との関係で没収の対象となり得ないことが多いが、常に必ずしもそうでないことは、例えば被害者がその物の所有権を放棄した場合を考えると明らかである。

【54】「犯罪行為ニ因リ得タル物ニシテ没収ノ必要アリト認ムルトキハ、刑法第十九条第二項ノ要件ヲ具備スル限リ、裁判所ハ恐喝行為ニ因リ得タル財物ト雖之ヲ没収スルニ妨ゲナキモノトス。而シテ所論ノ誓約

書契約書及ビ約束書ハ、被告人作平等ガ恐喝行為ニ因リ之ヲ作成セシメ其ノ交付ヲ受ケタル財物ナルヲ以テ、刑法第十九条第一項ノ所謂犯罪行為ニ因リ得タル物ニ該当スルガ故ニ、原審ニ於テ右証書三通ヲ被告人等ノ所有ニ属シ、且之ヲ没収スル必要アリト認ムルニ於テハ、原判決ノ如ク之ヲ没収スル旨ノ言渡ヲ為スニ妨ナキモノトス」（大判昭五・四・二八刑集九・三四七）。

【55】「詐欺罪ノ場合ニ於テ被害者ガ適法ニ作成シタル書類ノ如キハ、固ヨリ所有権ノ目的トナルヲ得ルモノニシテ、刑法第十九条第一項第三号ニ所謂犯罪行為ヨリ生ジタルモノニ該当セズ。従テ犯罪ノ実行ニ依リ其所有者ヲ害シテ不正ニ自己ニ領得シタル事実存スル以上ハ、其物件ハ即チ贓物ナリトス。原判決ノ判示スル事実ニ依レバ、所論証第一号ハ本件詐欺罪実行ノ着手後其完成前被害者宇都宮彦十郎ガ適法ニ作成シタル書類ニシテ、同人ノ所有ニ属シ、被告等ガ本件犯罪ノ実行ニ依リ之ヲ騙取シタルモノナルヲ以テ、即チ贓物ニ外ナラズ」（大判大五・四・二四刑録二二・六五六）。

判例は、金員の貸与を受けて賄賂を収受した場合、右金員は犯罪行為によつて得た物にあたるとする。

【56】「被告人が貸与を受けた合計二万五千円を刑法一九条一項三号、二項、一九条の二に基づき追徴した第一審判決を是認した原判決は正当である」（最決昭三三・二・二七刑集一二・二・三四二）。

（右決定の第一審判決）「……借用金として収受した金員合計二万五千円は、これもともと純然たる賄賂そのものではなく（この場合の賄賂は金融の利益である）従つて刑法第百九十七条の四により没収若しくは追徴することの出来ないものであるけれども、その刑法上における性質については、同法第十九条第一項第三号の犯罪行為に因り得たる物と解するのが相当であると思料され、云々」（富山地高岡支判昭三二・二・二二、右の最刑集に収録）。

【57】「……本件の如く公務員がその職務に関し金員の貸与を受け賄賂を収受した場合において、その金員を没収できないとき、刑法一九条一項三号、二項、一九条ノ二によつて、被告人からその金額を追徴する

ことができることは、当裁判所の判例とするところであり（右【56】の判例）、云々。（なお本件の金員一五、〇〇〇円は昭和三三年法律第一〇七号による改正前の刑法一九七条ノ四にいわゆる「収受シタル賄賂」そのものではなく、且つ、右金員は同法一九条一項一号にいわゆる「犯罪行為ヲ組成シタル物」ではなくて、同条同項三号にいわゆる「犯罪行為ニ因リ得タル物」と解すべきである……。）」（最決昭三六・六・二二刑集一五・六・一〇〇四）。

「犯罪行為ノ報酬トシテ得タル物」とは、例えば偽証行為の謝礼として得た金銭等をいうが、これについての判例は見当らない。なお、これは昭和一六年法律第六一号の刑法一部改正法によって新たに追加された条項である。

（四）　右（三）記載物件の対価として得た物　刑法一九条一項四号のこの要件も、昭和一六年の刑法一部改正により新設されたものであって、その立法趣旨は、経済統制下において、いわゆる闇価格で没収の対象物を処分した犯人（殊に経済統制令違反の犯人）は、従来の追徴が公定価格の範囲内に限られることから、なお莫大な利益を保有することとなるので、この不法な利益の剝奪を徹底しようとするにあった（【58】の大判参照）。しかし、【58】の大判が指摘するように、この条項の新設が没収と追徴本条項の区別を曖昧にしたことは否定できず、その趣旨をめぐって見解がわかれた。【58】の大審院判例は、の没収を実質的には第三号所定物件の没収に代わる追徴として理解し、これによって対価物件を没収するには、第三号所定物件が本来没収し得るものであったこと、すなわち、犯人以外の者に属さなかったことを要する旨判示した。しかし、最高裁はこれと相反する見解をとり、本条項は対価自体を対象として没収することを規定したものであって、第二項の要件の具備の判断も、対価自体についてなさるべきものと判示した【59】。立法の趣旨と規定の形式からいえば、最高裁の見解を正当とすべきであろう。ただこの見解に立っても、対価物件につき本条二項の判断を要することもちろんであるから、例えば賍物を処分して得た対価のごとき場合には、被害者から刑訴法三四七条二項による交付請求があったときにはこれを還付するを要し、没収することは許されない。

【58】「惟フニ、被告人ガ本件ニ於テ窃盗本犯ヨリ故買シタル軍用被服類ハ、其ガ被告人ノ手裡ニ現存スル場合ニ於テモ依然トシテ国有財産タル性質ヲ喪失スルコト無キヲ以テ、刑法第十九条第二項ノ明文ニ依リ没収ノ対象ト為リ得ザルコト固ヨリ論勿キ所ナルニ拘ラズ、被告人ガ之ヲ他ニ売却シテ得タル代金自体ハ原物ト異リ、被告人ノ所有ニ帰スベキヲ以テ之ヲ没収シ、乃至ハ其価額ヲ追徴スルモ敢テ刑法第十九条及第十九条ノ二ノ文詞ニ牴触スル所無キニ似タリト雖モ、飜ツテ此点ニ関スル昭和十六年法律第六十一号刑法一部改正法ノ没収規定修正ノ趣旨ヲ探究スレバ、旧法第十九条ノ規定ニ依レバ犯人ガ其犯罪行為ニ因リテ取得シ、犯人以外ノ者ニ属セザルガ為ニ当然没収シ得ベカリシ物ト雖モ、犯人ガ其取得後之ヲ費消シ或ハ処分シ了リタル場合ニ於テハ、爾後犯人ガ之ニ依リテ取得シタル不正ノ利益ヲ剝奪スルノ途ナキヲ遺憾トシ、仍テ新法ハ第十九条第一項第三号中ニ『犯罪行為ノ報酬トシテ得タル物』ヲ追加スルト同時ニ、犯人ノ事後処分ニ換リテ原物ヲ没収シ得ザルニ至リタル場合ニ於テハ、其価額ヲ追徴シ、以テ犯人ニ不正ノ利益ヲ遺留セザラントシタルニ外ナラズシテ、其第十九条中ニ没収ノ対象トシテ新ニ「対価トシテ得タル物」ヲ加ヘタルハ、畢竟「対価」ガ大多数ノ場合ニ於テ原物ノ変貌シテ貨幣価値ト化シタルモノナルガ為ニ、之ヲ没収乃至追徴スルハ即チ原物ノ価額ヲ追徴スル所以ナリトシ、斯クテ一般ノ価値追徴原則中ニ其一種目トシテ対価没収（追徴ヲ含ム）ノ一変例ヲ規定シタルニ過ギズ。而シテ、此ノ如キ追徴上ノ特例ヲ実益アラシメタルモノハ、改正当時ノ実情ニ於テ、法令ノ許容スル価格ト現実ノ経済取引上ノ価格トガ、戦時ノ経済統制、就中価格抑制政策ノ結果トシテ、甚シク懸絶シ居リタルガ為ニ、若シ法令ノ許容スル価格（単価）ヲ基準トシテ当初没収シ得ベカリシ物ノ総価格即チ価額ヲ算出シ、追徴処分ヲ此限度ニ止ムルトキハ、所謂闇価格ニ依リテ没収ノ対象タル原物ヲ処分シ、因テ巨利ヲ博シタルガ如キ犯人ヲシテ、追徴処分ニ拘ラズナホ不正利益ノ大

半ヲ其手中ニ保留セシムル虞ナシトセザリシガ為ニ外ナラズシテ、即チ前記ノ本則的追徴処分中ニ特ニ対価剝奪ナル一変例ヲ創設シタルハ一ニ専ラ之ニ依リテ不正利益ノ剝奪ヲ徹底セシメント欲スルガ為ナルコトヲ知ルベシ。従テ、新法第十九条第一項第四号ニ所謂「対価」ノ没収ハ仮令法文撰修ノ際ニ於ケル過誤ニ因リテ第十九条中ニ挿入セラルルモ、為ニ其追徴処分タル事物本来ノ性質ヲ変換喪失スベキ理由ナク、而シテ既ニ追徴処分タル以上、当ニ原物ノ没収ガ可能ナリシコトヲ前提トシ、一定ノ条件ノ下ニ之ニ替ルモノト解スベキハ必然ノ事理ナリト謂ハザル可ラズ。加之、若シ之ニ反シ、対価没収ノ規定ヲ、原物ノ没収シ得ルト否トニ論ナク適用シ得ベシトスル見解ニ従フトキハ、贓物ノ不法売却ニ因ル経済統制違反ノ刑責ヲ暫ク別論トスルモ、犯人ハ一方ニ於テ対価全額ノ没収或ハ追徴ヲ受ケタルニ拘ラズ、ナホ他方ニ於テ被害者ノ損害賠償請求ヲ拒ムニ由ナキ結果トシテ、其資力アル者ハ犯罪行為ニ因ル不正利得ノ範囲ヲ超エテ重大ナル損失ヲ蒙ルト同時ニ、其資力乏シキ者ニ就テハ被害者ガ追徴処分ノ為ニ却テ其求償ヲ事実上阻塞セラルルニ至ルベク、此ノ如キハ国家正義ノ護持ヲ生命トスル司法権自体ニ依リテ犯人又ハ被害者ニ不当ノ侵害ヲ加フルモノニシテ、其許ス可カラザルヤ固ヨリ論莫シ。由是観之、原審ガ被告人ニ対シテ前示ノ如キ追徴ヲ科シタルハ、畢竟刑法第十九条及第十九条ノ二ノ文詞ニ拘泥シテ其合理的意義ヲ正解セズ、為ニ之ヲ適用スベカラザル場合ニ適用シタルモノト謂フノ外ナク、其不法ナルコト勿論ナルヲ以テ、論旨ハ理由アリ、原判決ハ到底破毀ヲ免ルルニ由ナシ」（大判昭二一年(れ)第一七四号、同年九・一二、第一法規「判例体系」刑法総則Ⅰ三七七、刑事判例評釈集一〇・一五八）。

【59】「刑法第一九条第一項四号に定める「前号に記載したる物の対価として得たる物」例えば本件における「贓物の対価として得た物」（煙草の売却代金）を没収するには、同条第二項に定める「其物犯人以外の者に属せざるとき」という条件を具備すべきは明らかであるが、なおこの外に「同項第三号に記載した物」が前記第二項の条件を具備し現実に没収可能の状態にあつたことを前提要件とすると説く考え方がある（前掲【58】判決）。この説によれば、第一項第四号は、昭和一六年法律第六一号刑法一部改正法の没収規定修正の趣旨に照らし追徴処分たる性質を有するから、第三号に記載した物すなわち原物の没収が可能なりしこと

を前提とすると解するのである。しかし、この説には同意することができない。(一)第一項第四号は、第一号ないし第三号と全く同様に「没収することを得」るものとして列挙されており、従つて没収に関する規定であつて追徴に関するそれでないことは一見明白である。(二)賍物のごときは、第一項第三号の「犯罪行為により得たる物に該当するから、没収可能物ではあるが、これには被害者があつて「犯人以外の者に属せざるとき」という条件を具備しないから、現実には殆んど没収することができない。しかし、犯人がこれを処分して得た対価物は犯人の所有に帰することとなるから、この対価物を没収し得る規定を設けて現実に没収することは、意義あることとなる。けだし、若し、旧法のごとく犯人が賍物を処分して得た対価物を没収し得ないままに放置するとすれば、犯人は犯罪を犯しながら不正不法の利得をいつまでも享有し得る不合理な結果を生ずるから、かかる対価物を没収して不法の利益を犯人から奪う必要が存するからである。また現実の問題として、統制経済の下において法令の許容する価格と取引価格との間に著しい隔たりが生じて来ると、賍物の没収に代る価額(公定価格)の追徴だけでは不十分であつて、直接賍物の対価物を没収することが、必要且適切となるのである。没収規定が修正せられ前記第四号が追加せられた趣旨は、かかる理由に基づくものと解すべきである。(三)しかるに、若し大審院裁判例のごとく前記第四号は、第三号に記載した物が「犯人以外の者に属せざるとき」という条件を具備し現実に没収し得ることを前提条件としてのみ、「第三号に記載したる物の対価として得たる物」を没収し得るものと解すれば、実際上最も適用例の多き賍物の対価物のごときは遂に没収するを得ざることとなり犯人は不法の利得を享有する不合理な結果を容認せざるを得ないこととなるであろう。(四)前記判例は、「第四号に所謂対価の没収は仮令法文撰修の際に於ける過誤に因り……〔中略〕」と説いているが、第四号が第一九条中に追加されたことは、前述のごとくそれ相応の実質的理由と合理性に基づくものであつて、これをしも「法文撰修の際における過誤」によると論じ去ることは、全く前記判例の独断であると解するの外はない。(中略)

さて、原判決は第一審の相被告人等が仙台地方専売局大館出張所小坂煙草配給所の倉庫から窃取した「みのり」七百五十個入り二箱、「きんし」六百本入五十二箱を昭和二三年二月八日午前一時過頃被告人が故買した犯罪事実を認定し、押収の現金二万七千八百三十五円につき、(イ)内二万四千五百九十五円は被告人が右賍物故買によつて得た物の対価として取得したものであり被告人以外の物に属しないから刑法第一九条第一項第四号第二項によつてこれを没収し、(ロ)内三千二百四十円は被告人が賍物の対価として得た物で被害者から交付の請求があつたので刑訴第三七三条第二項を適用してこれを被害者に還付する旨判示したのである。そして原判決挙示の証拠によれば、押収の現金中押収した二万四千五百九十五円と還付した三千二百四十円との合算額合計二万七千八百三十五円の現金は被告人が同日朝青森駅附近において賍物たる「みのり」千五百個、「きんし」三万一千二百本中「みのり」千百個位及び「きんし」六千本を闇売りした売得金の残りで被告人の所有に属すること明白であり、また、還付した三千二百四十円は「みのり」千百個「きんし」六千本の処分当時の公定価格に相当する金額であることも顕著な事実である。

そして、上述のごとく刑法第一九条第一項第四号の規定は、独立した没収事由として追加規定せられたものであるから、同号を適用するのに前号所定の物が同条第二項の規定により没収し得るものであることを前提とすべき理由は毫も存しない。それ故、前記賍品の対価物たる押収金全額は、犯人以外の者に属せざる限り没収し得る訳である。ところが、本件では刑訴第三七三条第二項の規定に基づき賍物の対価物につき被害者から交付の請求があつた。普通の場合であつたならば、対価物の全部を被害者に還付すべきであろうが、既に賍物は処分せられた後のことであるから、被害者が犯人に対して損害賠償として交付を請求し得るのは、法令の許容する価額を標準とすべきであり、従つて本件においては「みのり」千百個、「きんし」六千本に対する処分当時の公定価額三千二百四十円に相当する押収現金の還付であると言わねばならぬ。されば、原判決がこれを被害者に還付する言渡をなし、これを差引きたる押収金の残額二万四千五百九十五円を没収したのは正当であつて、原判決には所論の違法はない」(最判昭二三・一一・一八刑集二・一二・一五九七)。

対価物件の没収には、対価を得た行為が犯罪を構成する必要はなく【60】、また対価物件の没収に代えて追徴を言渡す場合には、原物を取得する際に支出した費用等を控除する必要はない（【61】）。窃取した現金で買受けた物も、一九条二項の要件を備える以上これを没収することができる（仙台高判昭三〇・一二・八刑集八・八・一二一三）。なお公定価格のある賍物の対価について被害者から交付の請求があつた場合は、公定価格相当額を還付し、その残額を没収することができる（前掲【59】判例、同旨最判昭二四・一・二五刑集三・一・五三等）。

【60】「故買した賍物を売却処分する行為が犯罪を構成しないこと及び刑法第一九条第一項第三号第四号の規定を賍物罪の場合に当てはめてみると「犯罪行為により得たる物の対価として得たる物」が没収の目的となることは、所論の通りである。そして、原判決は、犯罪行為である賍物故買により得た物（すなわち賍物）の売買対価として得た物（すなわち押収金）に対して没収を言渡したのであるから、毛頭も違法はない。所論のごとく、物の対価を得た行為（本件では賍物の売買行為）が犯罪を構成する場合でなければ、その対価の没収の言渡ができぬと論ずるのは全くの独断である。犯罪行為によつて得た対価を没収するのであれば同項第三号によるのであつて、第四号によるのではない。そして第四号の対価を取得する行為については、それが犯罪を構成することを要件とするものではないことは、規定上も明らかである」（最判昭二三・一一・一八、前掲【59】と同一判例）。

【61】「刑法第一九条第一項第四号にいわゆる「前号に記載したる物の対価として得たる物の中には、賍物の対価として得た物即ち賍物故買罪に因り取得した物を更に他に処分しその対価として得た物をも包含する趣旨であると解するを相当とするから（昭和二三年一一月一八日最高裁判所第一小法廷判決、昭和二四年一月二五日同第二小法廷判決各参照）同被告人両名が本件賍物故買に因り得た牡牛二頭を更に他と交換して得た去勢牛二頭は本来これを没収し得るものである。ところで記録によれば、右の去勢牛二頭はその後いずれもＡなる者に売却したことが認められ、これを没収することができないから、更に同法第一九条の二により同被告人等からその価額を追徴し得るものというべく、この場合右の牡牛二頭を故買するに当り支払つた

代金の如き不法の支出はこれを控除する理由は毫も存しないのであるから、これを差引かずして追徴を言渡したとしても何等違法の点はない」（広島高判昭二七・四・一一刑集五・四・五八五）。

四　没収の対人的要件

（一）没収は、没収すべき物が犯人以外の者に属していないときにのみ許される。但し犯行後犯人以外の者が情を知りながらその物を取得したときは、判決当時犯人以外の者に属していても没収するを妨げない（刑一九II）。

一九条二項にいわゆる「其物」とは、没収すべき物自体をいうのであって、対価物件を没収するときでも、その原物をいうのではない（最判昭二三・一一・一八、前掲【59】）。

「犯人以外ノ者ニ属スル」か否かは、判決言渡当時の権利関係を標準として決める。

【62】「刑法第十九条第二項ニ於テ没収ハ其物犯人以外ノ者ニ属セザルトキニ限ルト規定シタルハ、犯人以外ノ者ガ物ノ上ニ有スル権利ヲ保護スルノ趣旨ニ出デタルモノナレバ、没収ノ目的タルベキ物ガ犯人以外ノ者ニ属スルヤ否ヤヲ定ムルニハ、没収ノ判決言渡当時ニ於ケル権利関係ヲ標準トシテ之ヲ定ム可ク、犯罪当時ノ権利関係ヲ標準トス可キモノニアラズ。今原判決ヲ見ルニ、同判文ニハ所論ノ日本刀ハ判示犯罪ノ用ニ供シタル物ニシテ犯罪当時ニハ被告ノ父ノ所有ナリシモ、其後父ノ死亡ニ基ク家督相続ニ因リ判決言渡当時ニ在リテハ被告ノ所有ニ帰シ居リタルコトヲ判示シアルガ故ニ、同判決ニ於テ右日本刀ハ犯罪供用ノ物ニシテ且ツ犯人以外ノ者ニ属セザルモノトシテ刑法第十九条第一項第二号第二項ヲ適用シ、同主文ニ於テ之ヲ没収スト言渡シタルハ正当ナリ」（大判明四三・七・八刑録一六・一四二四）。

従って、犯行後その物の所有権が相続によって移転したときは、「犯人以外ノ者ニ属セザル物」となる。

【63】「押収ノ証第一号賭具ハ本件犯罪ノ用ニ供シタル物件ニシテ、共犯ノ一人ナル原広助ノ所有ニ属シタルモノナルコト、被告人哲二、健三等ノ当公廷ニ於ケル供述ニ依リ明ナルモ、広助ハ上告中昭和六年一二月二七日死亡シ当院ニ於テ公訴棄却ノ決定ヲ為シタルコト記録ニ徴シ明瞭ナルノミナラズ、鶏沢弁護人提出ノ広助ノ除籍謄本ニ依レバ、広助ノ長男光一ニ於テ広助ノ家督相続ヲ為シタルコト明ナレバ、証第一号賭具ハ右相続ニ因リ犯人以外ナル光一ノ所有ニ帰シタルモノト認ムベキヲ以テ、没収スルコトヲ得ザルニ至リタルモノトス」（大判昭七・三・一四刑集一一・一七四）。

経済関係罰則の整備に関する法律四条の賄賂の没収についてであるが、没収の目的物が近親者等の他人名義になつていても、犯人が実質的に所有権者と同一の経済上の支配を有する以上は、名義の如何に拘らずこれを犯人に属するものとして没収できるとする判例がある。

【64】「弁護人は、主文第三項掲記の株券は、現在すべて他人名義に属するものであるから、これを没収することができないと主張するのである。なるほど経済関係罰則の整備に関する法律第四条による賄賂の没収は、その賄賂がなお犯人に属する限り行ないうるのであつて、これが他人に属するに至つたような場合には、没収を言い渡すことができないと解すべきこと所論のとおりであり、また本件株券の名義が現在重政千代子、重政益子、佐藤三七次、遠藤恵一、下山一二、秋山文武の六名の名義に書き換えられていることも所論のとおりである。しかしながら、前記の規定が賄賂の没収を規定しているのは、収賄者についていえば、その収賄行為による利益を保持させないためであるから、いやしくも収賄者がその賄賂たる物に対し現に実質的に所有権者と同一の経済上の支配を有する以上は、その名義のいかんにかかわらずその支配を収賄者から剝奪する意味においてこれを没収するのが相当だといわなければならない。もつともその物が株券である場合においてはなお若干の説明を必要とするのであつて、商法第二百一条第二項によれば、他人を通じてその名義をもつて株式を引き受けた者は、その他人と連帯して払込の義務を負うこととされており、これによ

つてみれば、単に株主たる名義を貸したにすぎない者についても会社との間に一定の法律上の権利義務の関係が発生するわけで、むしろ会社との関係ではその名義人が株主たる地位を取得すると解せられる余地もないわけではない。しかしながら、かりにそのような解釈をとるにしても、これは名義人に対し、その意思を表示したところに従つて法律上の責任を負わしめる趣旨に出たもので、名義人を保護するための制度ではないことはいうまでもなく、この場合においても名義を借りた本人がその株券につき株主と実質において同一の支配関係を有するという事実はやはり否定するわけに行かないのである。収賄罪における没収の可否はまさにこの実質上の関係に着眼して決せらるべきものであつて、かくのごとく収賄者がその賄賂について現に経済的な支配関係を有するにかかわらず、その没収を断念して追徴の方法によらなければならぬとすることは、没収制度の本旨に照らし到底容認することができないといわなければならない。また、これを名義人の側について考えてみても、この場合その者は当該株式について実質上なんらの経済的利益を有しないものであるから、これを没収しても別段その者に損害を与える筋合ではなく、いわんやその者が名義の貸与を承諾しなかつたような場合には商法第二百一条第一項後段の趣旨からいつてもその者は株式につきなんらの利害関係を有しないわけであるから、これを没収しても同人の権利には別段のかかわりを生じないのである。そこで、いま本件について考慮してみると、本件株券の名義書換が単に他人の名義を借りるだけの目的のものであつて、この株券に対する経済的支配が今日なお被告人に属していることは、……（中略）……明瞭である。それゆえ本判決においては右株券の没収を言い渡すこととしたものであつて、この点に関する弁護人の主張は採用しない」（東京高判昭二九・五・二九特四〇・一二六）。

（二）　判例によれば、刑法一九条二項にいわゆる「犯人」には、共犯者も含まれる。教唆犯（【65】の大判）、共同正犯（最判昭二五・五・九刑集四・五・七六〇）はもちろん、必要的共犯（賭博罪につき、大判大一三・二・九刑集三・九五）もこれにあたる

没収の言渡をするには、その物が共犯者中のいずれか一人の所有に属しておればよい（【65】）。所有者

たる共犯者が既に確定判決を受けた場合であっても【66】、あるいは未だ訴追を受けない場合であっても【67】、他の共犯者からの没収を妨げない。また共犯者に対し各別に判決をするときには、没収も各別に同一の言渡をする（最判昭二四・五・二八刑集三・六・八七八）。

【65】「没収ハ附加刑ナルヲ以テ、其主刑ヲ科セラルベキ罪ニ附キ処断セラルル総テノ犯人ニ対シテ之ヲ言渡スベキモノトス。故ニ犯罪行為ノ用ニ供シタルノ故ヲ以テ没収ノ言渡ヲ為スニハ、其物ガ共犯人中何レカ一人ニ属スルヲ以テ足レリトス。必ズシモ其物ノ所有者タル共犯人ニ於テ犯罪ノ実行行為ニ供シタルコトヲ要セザルナリ」（大判明四二・二・二五刑録一五・一六〇、同旨、最判昭二五・五・九刑集四・五・七六〇）。

【66】「刑法第十九条第二項ニハ、没収ハ犯人以外ノ者ニ属セザルトキニ限ルトアリテ共犯人ニ何等制限スル所ナケレバ、同条項ニ所謂犯人トハ、現ニ審判セラルル犯人ノミニ限ラズ、其共犯ニシテ已ニ審判ヲ経判決ノ確定シタル者ヲモ之ヲ包含指称セルモノト解スルヲ相当トス」（大判明四四・二・一三刑録一七・七五）。

【67】「刑法第十九条第二項ノ犯人トハ、単独犯ニ於テハ其ノ罪ヲ犯シタル一人ヲ謂ヒ、数人共犯ノ場合ニ於テハ其ノ共犯者タル各人ヲ謂フモノニシテ、又裁判所ニ於テ没収ノ言渡ヲ為スニハ、特定ノ被告人ニ対シ其ノ犯罪ニ関スル刑事訴訟ガ適法ニ裁判所ニ繋属スルコトヲ要スルハ勿論ナレドモ、数人共犯ノ場合ニ於テ刑法第十九条第一項各号ニ該当スル物件ハ、現ニ訴追ヲ受ケテ被告人タル者ノ所有ニ属スルモノニ限ラズ、其ノ共犯ニシテ未ダ訴追ヲ受ケザル者ノ所有ニ係ルモノト雖、亦犯人ノ所有ニ属スルモノニシテ、即チ同条項ニ所謂犯人以外ノ者ノ所有ニ属セザルモノト謂フベキガ故ニ、其ノ訴追ヲ受ケテ被告人タル者ニ対シ、没収ノ言渡ヲ為スヲ得ルモノトス」（大判大一一・五・一九刑集一・三二六）。

大審院以来の判例は、共犯者の一人に対する没収の裁判が確定していても、他の者に対し、重ねて同一物の没収を言渡すことができるものとする【68】。その理由を敷衍するものとして、旧関税法八三条に関する【69】の判例が参考となるであろう。

【68】「公訴ニ関スル確定判決ハ、裁判上之ヲ受ケタル者ニ限リ言渡ノ効力アルモノニシテ、其ノ以外ノ者ニ該効力ヲ及ボスベキモノニ非ズ。故ニ第一審ニ於テ共同被告人ノ一人ニ対シ或押収物ノ没収ヲ言渡シ該判決確定スルモ、該言渡ノ効力ハ他ノ共同被告人ニ及バザルヲ以テ、右押収物ハ他ノ共同被告人トノ関係ニ於テハ没収セラレザル状態ニ在ルモノト謂ハザルヲ得ザルニヨリ、第二審ニ於テ他ノ共同被告ニ対シ之ガ没収ノ言渡ヲ為スノ妨ト為ルモノニ非ズ。又没収ハ附加刑ニシテ其ノ刑罰タル性質上共犯人ノ総員ニ対シ各別ニ科スベキモノナルヲ以テ、縦令第一審ニ於テ既ニ共犯人ノ一人ニ対シ或押収物ヲ犯罪ヨリ生ジタル物トシテ没収ノ言渡ヲ為シ其ノ判決確定スルモ、第二審ニ於テ更ニ他ノ共犯人ニ対シ同一没収刑ヲ言渡スノ妨ト為ルモノニ非ズ」(大判大一二・一一・二六刑集二・八三三)。

【69】「本件共犯者ノ一人タル中里周次ニ対シ本件ト同一貨物ニ付言渡シタル没収ノ判決ガ既ニ確定シタルコトハ洵ニ所論ノ如クナリト雖、該判決ノ確定力ハ同人ニ対スル関係ニ於テノミ存シ同人以外ノ共犯者ニ及ブモノニ非ズ。従ツテ没収ニ係ル貨物ノ所有権ハ中里周次ニ対スル関係ニ於テ国庫ニ帰属シタリト云ヒ得ベキモ、未ダ没収ノ裁判確定セザル其ノ他ノ共犯者ニ対スル関係ニ於テハ国庫ニ帰属シタリト云フヲ得ザルモノトス」(大判昭一〇・四・八刑集一四・三九一、後掲【163】【171】と同一判決)。

しかし、没収判決の効力を対世的なものと解する今日においては(後掲【88】の最高裁大法廷判決参照)、右【69】の判決の理由とするところは必らずしも十分とはいえないであろう。この問題は、没収判決の効力発生時期、換言すれば没収物の国庫帰属時期をいつに求めるかという問題(後出五七頁以下参照)とも関連する困難な問題である。もしそれを判決確定時に求めるならば、共犯者の一人に対して没収判決の確定があつた以上、重ねて他の共犯者に同一物の没収を科する利益も必要もないことになろう。これに反して、それを判決執行時に求めるならば（後掲【176】の最判はこの説をとるかのようにも窺えるが、明白ではない）、共犯者の一人に対して没収判決が確定したとしても、その執行が行なわれない限り、他の共犯者に対し重ねて同一物の没収を科する利益は、必らずしも失われないものといえるであろう。しかし、このいずれの立場をとるにしても、没収物の所有権が国庫に帰属してしまつた後においては、重ねて同一物の没収を命ずべき利益も必要もないのではあるまいか。判例は、従来この点を明確には意識していなかつたようであるが、昭和三三年四月一六日の最高裁大法廷判決（後掲【176】）は、旧関税法八三条の没収につき、密輸出行為の用に供した船舶が全然別の事件のため没収を言渡され、その執行を終つたときは、本事件の被告人に対し右船舶の価額を追徴することは許されないものと判示した。この判決の意味するところは必らずしも明白でないが、右の論点を意識しているようにも受取れる。この判決の意を受けてか（後掲【172】の東京高判は、この旨を明示する）、最近関税法一一八条の没収について、右【68】【69】の判例と相反する見解をとつた下級審判例が現われたことは、注目に値するものと思われる。

【70】「……その余の前掲二〇個の時計は前に述べた如く、被告人より故買した清水正臣、同栄が広島税関支署長の通告処分の履行として同税関に納付し既に国庫に帰属していることが明らかであるから、更にこれを前段階の譲渡人たる被告人より没収すると云うことは違法であつて、この点については原審が右二〇個の時計を重ねて被告人より没収したことは何等かの誤解によるものと云うの外はなくその不法であることは云うを俟たないところである」（広島高判昭三五・一〇・二五刑集一三・七・五九二、後掲【166】【181】と同一判決、同旨【172】【182】の東京高判）。

もつとも、共犯者に対する没収も、もとより任意的であるから、共同被告人の一人に対して没収を科し、他の者に対して科さなくても、違法ではない。

【71】「没収ハ必ズシモ之ヲ科セザルベカラザルモノニ非ズシテ、其ノ之ヲ科スルト否トハ判決裁判所ノ職権ニ属スルモノナレバ、縦令数人共犯ニ係ル被告事件ニ付既ニ略式命令ニ依リ被告人ノ一部ニ対シ押収物件ニ関シ没収刑ノ処分確定シタル場合ニ於テモ、公判ニ於テ被告人ノ他ノ部分ニ対シ審理判決スルニ当リ其ノ物件ヲ没収スベカラザルモノト判定シ、所有者ニ還付スルノ言渡ヲ為スヲ妨ゲザルモノトス」(大判大一三・一一・二二刑集三・一四)。

没収物が当該被告人の所有に属せず、知情取得者あるいは訴追されない共犯者等の所有にかかる場合であつても、現行法制のもとにおいては、かかる所有者に対して何ら防禦の方法、機会を与えることがない。かような第三者所有物の没収の在り方が、財産権の不可侵を保障する憲法二九条、法の適正手続を保障する憲法三一条に違反するのではないかということは、かねてから問題とされていたところであつた。果せるかな、昭和三七年一一月二八日の最高裁大法廷判決(後掲【91】)は、所有者の権利保護のための手続規定を欠く以上、関税法一一八条による第三者所有物の没収は違憲である旨判示し、続いて同年一二月一二日の大法廷判決(後掲【92】)は、第三者所有物の没収に代る追徴も違憲である旨判示した。これら判例の趣旨は、当然刑法一九条・一九条ノ二による没収・追徴の場合にも及ぼさるべきものであつて、所有者の権利保護のための手続が整備されない以上、刑法の一般規定による第三者所有物の没収およびこれに代る追徴は、事実上許されないことになつたわけである。この点については、後述の「**四**、没収・追徴の効力」の項を参照されたい。

(三)「犯人以外ノ者ニ属セザル場合」とは、その物につき犯人以外の者が排他的な権利を有しない場合もしくは返還請求権を有しない場合をいう。通常所有権の帰属が問題となるが、それ以外の物権を含むこともちろんである【72】。

その物が犯人以外の者の不法原因給付によるものであれば、右犯人以外の者は返還請求権を有しないから、没収することができる【73】。所有者が所有権を放棄した物【74】、返還請求権を放棄した物【75】のように、無主物と認められる物についても、没収を妨げない。「犯人以外ノ者ニ属セザルトキ」とは、犯人に属する場合の外、何人にも属しない場合を包含するからである。

しかし、所有者不明の物については、所有者の何人たるかが判決言渡当時わからないというだけで、客観的には所有者が存在するのであるから、これを没収することはできず、それが贓物であれば、被害者還付の言渡(執行方法につき刑訴法四九九条参照)をしなければならない【76】。大審院の判例は、かかる場合は所有者のない場合と同視して、没収し得るものと解していた(大判大四・五・二二刑録二一・六五一等)。また、「所有者不明の場合には犯人以外の者に属しないものとして没収し得べきものと解すべきである。」と判示した最高裁決定もある(最決昭二七・六・二六裁判集刑六五・四二五、旧麻薬取締法違反の麻薬の不法所持の事案)。しかし、昭和三〇年一月一四日の最高裁判決は、他の事由によって原判決を破棄自判した際、主文で被害者不明の贓物を被害者に還付する旨を言渡している(刑集九・一・五二)。してみると、今日においては、大審院判例および右最高裁決定の見解は、もはや変更せられたものと解すべきであろう。

【72】「刑法第四十四条ニ犯罪ノ用ニ供シ及ビ犯罪ニ因テ得タル物件ハ、犯人ノ所有ニ係リ又ハ所有主ナキ時ノ外之ヲ没収スルコトヲ得ズトアルハ、此等ノ物件ハ法律上所有所持ヲ禁ジタルニ非ズ、又犯人ノ所有ニ属セザル以上ハ之ヲ没収スルモ犯人ニ対スル刑罰タルヲ得ザルニ依ルナリ。則チ応禁物以外ノ物件ニ在テ

ハ、没収ハ単ニ犯人ニ対スル刑罰タルニ止マリ、之ガ為メ犯人以外ノ者ノ権利ヲ害スルヲ得ザルモノトス。之ヲ詳言スレバ、犯人ノ行為ニ因リ第三者ノ権利ヲ害シ之ガ為メ国庫ヲ利スベキ結果ヲ生ズルハ蓋法律ノ予期セザル所ナリ。故ニ右ニ所謂所有主トハ之ヲ広義ニ解釈シ、真ノ所有権アル者ノ外苟モ物上ニ権利ヲ有スル者ハ尽ク之ヲ包含スルモノトスルヲ穏当トス」（大判明三六・六・三〇刑録九・一一八七）（なお、旧刑法四四条には「法律ニ於テ禁制シタル物件ハ何人ノ所有ヲ問ハズ之ヲ没収ス。犯罪ノ用ニ供シ及ビ犯罪ニ因テ得タル物件ハ犯人ノ所有ニ係リ又ハ所有主ナキ時ノ外之ヲ没収スルコトヲ得ズ。」とあつた）。

【73】　贋札買入の不法の目的で交付した代金につき「原判決ニ於テ没収シタル本件兌換券ガ武藤梅五郎ノ所有ニ属スルコトハ所論ノ如シト雖ドモ、所有権梅五郎ニ属スル故ヲ以テ返還請求権ナキ同人ニ還付スルモノトセバ少クトモ民法第七百八条ノ法意ニ反スベシ。而シテ刑法第十九条第二項ニ於テハ、没収ハ其物犯人以外ノ者ニ属セザル時ニ限ルト規定シ、犯人以外ノ所有ニ属セザル時ニ限ルト規定セザルガ故ニ、同条項ハ独リ其所有権ガ犯人以外ノ者ニ属セザル場合ノミナラズ、其返還請求権ガ犯人以外ノ者ニ属セザル場合ニ於テモ之ヲ没収スル趣旨ナルヲ以テ、本件ノ如ク其返還請求権梅五郎ニ属セザル場合ニ於テモ尚同条ノ適用ニヨリ之ヲ没収スルヲ得ルモノトス」（大判大四・一・二〇刑録二一・一）。

【74】　「記録を閲するのに、被告人が前示没収にかかる物件（白米押麦は現物として）に対する所有権の抛棄をしていることは明らかである。しかしながらこの一事を以て直に右物件の所有権が国庫に帰属したものと即断するのは早計であるというべく、被告人の右権利抛棄によつて一応無主物となる筋合と解するのが妥当と考えられるから、刑法第十九条第二項の、犯人以外の者に属しないときに該当する場合として没収の言渡があつたものと見るべきである」（名古屋高判昭二四・九・二四特一・一六四）。

【75】　「所論日本刀及び鞘が被告人丑太郎の父左達伝次郎の所有物であつたことは記録上明であるが、同時に右伝次郎が生駒警察署に提出した始末書には「御署において然るべく処置して頂いて結構で御座います」という記載があつて右伝次郎は所論日本刀の返還請求権を抛棄したものと認められる。然らば原判決が

犯人以外のものの所有に属しないとして没収したのは正当であつて所論のような違法はない」（最判昭二四・五・二八刑集三・六・八七三）。

【76】「原判決は、判示別表4、5、7、9の各自転車について、被告人が本件窃盗の犯行によつて得た贓物で、所有者不明であるから犯人以外の者に属しないものと認め、刑法第一九条第一項第三号第二項によりこれを没収すべきものであるとして、没収の言渡をなしている。これは従来における同趣旨の判例（大正四年五月二二日大審院判決、録二一輯六五一頁、大正七年六月二八日大審院判決、録二四輯八八二頁、昭和二五年二月二二日名古屋高等裁判所判決、旧特報第四号六七頁等参照）を踏襲したものと思われるのであるが、所有者不明の贓物を果して刑法第一九条の規定によつて没収し得るか否かについては改めて省察を要するところである。しばらく問題を右のとおり限定して考究すると、元来、刑法第一九条による没収の対象となる物は、同条第一項各号に該当する物件で、犯人以外の者に属しないことを要するのを原則とするのであるが、このことは没収が附加刑たる性質を有することから生ずる当然の帰結である。しかして、右にいわゆる「犯人以外の者に属しない物」というのは、犯人に属する物の外、何人の所有にも属しない物、何人の所有をも許さない物をも包含すると解せられているのである。これはこれらの物を没収することによつて、犯人以外の者の正当な権利を侵害するものでないばかりでなく、犯人の犯行と密接な関係を有する物であるから、これを没収することによつて、通常犯人の事実上の利益を奪う結果となり附加刑の目的を達し得るからに外ならない。ところで、所有者不明の贓物を右にいわゆる犯人以外の者に属しない物といい得るであろうか、思うにその解答は消極でなければならない。蓋し、ここに所有者が不明であるというのは、所有者の何人であるかが判決言渡当時においては判明しないというだけで、その者は客観的には存在していて、しかも未だ所有者としての権利を喪つてはいないからである。従つて、右贓物は犯人以外の者に属しないどころか、所有権抛棄等権利消滅の事情の認められない限り、犯人以外の者に属することが明らかであつて、判決言渡後において具体的に判明し得る可能性さえあるのである。されば、かような贓物は刑法第一九条の規定

によつて没収すべきではなく、その賍物が押収に係る場合は刑事訴訟法第三四七条第一項の規定に従つてこれを被害者に還付する言渡をなすべきで、さればこそ、刑事訴訟法第四九九条はこの場合に対処する規定を設けているのである。尤も、同条第一項には「押収物の還付を受けるべき者の所在が判らないため、又はその他の事由によつて、その物を還付することができない場合には、云々」と規定してあつて、還付を受けるべき者の所在が判らない場合の外、還付を受けるべき者の何人であるかが判らない場合はこれを包含しないかの如くであるが、押収物を可及的に被害者に還付して、その財産権を保護するという右規定の趣旨からいえば両者を区別する理由はないのであつて、このことは右条項の規定に基づく昭和二八年政令第三四二号押収物還付公告令第三条第二項に「検察官は必要があるときは、押収の場所及び年月日並びに押収物の特徴をも公告することができる。」と規定していることからも窺い知られるところである」（福岡高宮崎支判昭三〇・二・九高裁特報二・一、二、三合併・四七）。

（四）　判例は、何人の所有をも許さない法禁物として、偽造文書、偽造印章等をあげ、これらについては、権利の帰属関係の如何を問わず、常に没収し得るものとしている。

【77】「刑法第十九条第一号ノ犯罪行為ヲ組成シタル物ニシテ、法律ガ其製作又ハ所持ヲ禁ジ、随ヒテ其存在ガ社会ニ有害危険ナルノ故ヲ以テ何人ニモ其所有ヲ許サズ、没収ヲ要スルモノアリ。所論ノ偽造印章及偽造委任状ノ如キモノハ、其一種類ナリトス。而シテ同条第二項ニ「没収ハ其物犯人以外ノ者ニ属セザルトキニ限ル」トアリテ、其用語ニ徴スレバ、其物件ガ前顕ノ如ク何人ノ所有ニモ帰属スベカラザル場合ニモ没収ヲ為スコトヲ得ベキハ明カナリ」（大判明四一・一二・二一刑録一四・一一三六）。

【78】「偽造ノ戸籍謄本ヲ行使シタル場合ニ於テ、偽造ノ戸籍謄本ハ犯罪行為ヲ組成スル物ナルト同時ニ、其ノ性質上何人ニ対シテモ之ガ所有ヲ許サザルモノナレバ、刑法第十九条ニ依リ之ヲ没収スルコトヲ得ルノミナラズ、之ヲ没収スルニ当リテモ、特ニ其ノ犯人以外ノ物ニ属セザルコトヲ判示スルノ要ナキモノトス」

（大判昭七・三・一七刑集一一・二三四）。

【79】「他人ヨリ一定ノ用途ヲ指定シテ委託セラレタル元本金額及ビ其弁済受領文句並ニ債権者ノ肩書氏名ヲ記載シ、其下ニ捺印ヲ施セルモ、日附及ビ債務者ノ宛名ヲ欠如セル弁済証書ト題スル未完成ノ文書ヲ材料トシ、債権者ノ署名印章ヲ利用シテ新ニ日附及ビ債務者ノ宛名ヲ記入シ、指定以外ノ用途ニ行使スベキ弁済受領証ヲ偽造シタル場合ニ於テ、其偽造文書ノ材料タル署名印章ノ存在セル紙片ガ他人ノ所有ニ属スルモノトスルモ、既ニ犯人ノ不法ナル加工ニ因リテ一ノ偽造文書ヲ組成セル以上ハ、法律上其物ノ存在ヲ認容スベキニ非ザルヲ以テ、何人モ之ヲ所有スルヲ得ザルハ当然ニシテ、刑法第十九条第一号ニ依リ之ヲ没収スルモ違法ニ非ズ」（大判大四・五・一四刑録二一・六三二）。

その外、偽造手形につき大判明二八・七・八刑録一・一・六四、偽造小切手につき大判明二八・一二・五刑録一・五・二四、未完成の偽造通貨につき大判明四二・五・二四刑録一五・六五三等々。

次の判例は、猥褻物が公然陳列または販売された以上、禁制物となる旨判示する。しかし、猥褻物を所持することは何ら違法でないから、たとえ公然陳列または販売された猥褻物といえども、それによって法禁物の性質を取得すると解することには疑問がある。

【80】「猥褻物ハ法律上公然之ヲ陳列シ又ハ之ヲ販売スルヲ禁ジタルモノニシテ、単ニ之ヲ所持スルハ法律ノ禁ズル所ニアラズ。故ニ法律ノ禁制ヲ犯シテ公然之ヲ陳列シ又ハ之ヲ販売シタルトキニ於テ始メテ其物件ハ禁制物トシテ没収スベク、然ラザル場合ニ於テハ禁制物ト称スベキモノニアラザルヲ以テ之ヲ没収スルヲ得ベカラズ」（大判明三八・五・八刑録一一・四六三）。

禁制物であっても、その没収は任意的であり（【81】）、また検察官が没収の執行として偽造の旨表示した手形を所有または所持することは妨げない（【82】）。

【81】「法律ニ於テ禁制シタル物件ト雖、其ノ之ヲ没収スルト否トハ裁判所ノ職権ニ属スルモノナルコト刑法第十九条ノ趣旨トスルトコロナルガ故ニ、原審ガ本件ノ証拠物タル阿片煙ノ没収ヲ為サザリシヲ目シテ違法ナリト論ズルハ当ラズ」（大判昭八・七・六刑集一二・一一二五）。

【82】「従来の大審院判例の示すごとく偽造手形は、何人の所有をも許さないものである（ただし、検察官が没収の執行として偽造手形に偽造の旨表示したものを所有又は所持することを許すものであることは刑訴四九七条、四九八条により明白である。）。されば、第一審判決が本件証第七号、証第一六号の約束手形が偽造であることを認定した上判示犯罪の組成並びに供用物件で何人の所有をも許さないものであるから刑法第一九条を適用してこれを没収する旨判示したのは、前記趣旨に外ならないものというべく、所論の違法は認められない」（最決昭三一・一一・一刑集一〇・一一・一五二五）。

禁制物は、たとえ公務所備付の文書であっても没収できる（【83】、同旨東京高判昭三五・九・一三東京高時報刑一一・九・二三六）。これに反して、公正証書原本の不実記載部分は、公務員の適法な職務行為により作成せられたもので単に内容が虚偽であるにとどまるから、これを「法禁物」ということはできない（【84】、前掲【52】）。

【83】「偽造ノ文書ハ法律ニ於テ其作成ハ勿論之ガ所持ヲモ禁制シ何人ニ対シテモ其所有ヲ許容スルコトナシ。故ニ公署備付ノ文書ト雖モ其偽造ニ係ルモノハ刑法第十九条第一項第三号ノ前段ニ依リ之ヲ没収スベキモノトス」（大判明四三・一〇・一三刑録一六・一七〇四）。

【84】「所論証第二号馬籍原簿ノ記載ニ付テハ、被告人ガ公務員ニ対シ虚偽ノ申立ヲ為シ、当該公務員ヲシテ公正証書ノ原本ニ不実ノ記載ヲ為サシメタルモノニシテ、且被告人ハ之ヲ当該公務所ニ備付シメテ行使シタルモノナレバ、同公正証書ニ於ケル不実ノ記載ハ少クトモ其ノ行使罪ニ付刑法第十九条第一項第一号ニ規定スル犯罪行為ヲ組成シタル物件ニ該当スルコトヲ認メ得ベシト雖、同上ノ記載ハ公務員ガ其ノ権限ニ基キ適法ニ之ヲ作成シタルモノナレバ、縦令其ノ内容ガ当事者ノ虚偽ノ申立ニ因リ事実ニ反スル場合ト雖偽造

文書ノ類トハ異ナリ、同文書ノ記載部分ハ当該公務所ニ属シ、之ヲ同第十九条第二項ノ犯人以外ノ者ニ属セザルモノト云フコトヲ得ズ（明治四十一年(れ)第一〇六九号事件同四十二年一月二十二日当院判決参照)」(大判昭四・一・三一刑集八・二七)。

なお、借用証書は借受金の弁済により債務者に返還されない以上債権者の所有に属するとした判例(大判明四三・一〇・一三刑録一六・一七〇一)、郵送された書状を宛名人が所持している場合でも、「或ハ発送人不明ニシテ之ヲ返送セムトスルモ返送スルコト能ハザル為一時之ヲ保管スル等ノコトモ無キニ非」ざるが故に、所持の事実を以つて直ちに所有権取得の意思によるものとはいえないとした判例(大判昭五・三・二〇刑集九・二三九)、郵便貯金による預入金員の所有権は、預入と共に受寄者たる国に帰属するから、被告人以外の者に属しないとして没収できないとした判例(福岡高判昭二八・九・三〇特二六・四〇)等がある。

三　追　徴

昭和一六年の刑法一部改正によつて、不正利得の剝奪を目的とする一九条一項三、四号の没収の趣旨は更に徹底され、それらの目的物が犯人の事後処分等により没収できない場合には、没収に代つてその価額を追徴し得ることになつた(一九条ノ二)。追徴は一九条一項三、四号の没収の換刑処分であつて、刑罰そのものではない(刑六参照)。しかし、追徴は特定物に対してでなく犯人の一般財産に対して効力を及ぼす点で、没収よりむしろ財産刑的色彩が濃厚であるとさえいえる。従つて、不利益変更の禁止その他刑罰一般に関する規定は、すべて没収に準じて考慮されなければならない。

追徴は、刑法一九条一項三、四号該当物件が犯行当時法律的に没収可能であつたのに、その後に生じた費消、混同、紛失、善意の第三者への売却等の事由により、判決時には事実上または法律上没収できなくなつた場合に行なうことができる。元来没収できない窃取した賍物のごときは、これを直ちに追徴に転化せしめることを得ない。しかし、賍物を売却処分して得た「対価」は、一九条一項四号によつて没収の対象となるから、右「対価」を費消、混同等によつて没収できないときには、これに代る追徴を命じることができる。このように、刑法一九条ノ二の規定を適用し得る場合は決して少なくない筈であるが、実務上財産犯につきこれの適用をみることは極めて稀である。これは同条が比較的新設のものであることにも基因しているであろうが、一般に財産犯における利得の剝奪は、被害者に対する損害賠償（示談）の形で行なう方がより妥当であり、且つそれのみで十分であるとする考え方が強いことによるものと思われる。追徴が実際に活用されるのは、刑法一九七条ノ五、公職選挙法二二四条、関税法一一八条二項等の必要的追徴の場合が圧倒的に多く、刑法一九条ノ二による追徴の事例は微々たるものであるから、同条に関する判例もまた僅かしかない。しかも特別規定による追徴は、各々の立法趣旨並びに立法形式によつてその解釈を異にすべき場合もないではないから、それらに関する判例の趣旨が追徴一般に妥当するか否かについては、慎重な考慮を必要とする。特別法の追徴については、後述の「六、特別規定による没収・追徴」の項を参照されたい。

追徴の価額は、その物が金銭であるときはそれと同一の額であり、物件については客観的に適正な評価額による（たばこ専売法七五Ⅱの追徴価額につき、後掲【192】の最判参照）。また右の評価は、犯行当時を標準としてなすべきであろう

（賄賂罪における追徴につき後掲【131】）。判例は、共犯者が数名ある場合の追徴につき、関税法一一八条二項の場合は各人に対し全額の追徴を言渡すことができるとするが（後掲【175】等）、賄賂罪（後掲【125】）及び公職選挙法二二四条（後掲【162】）の場合には各自の分配額によるのを原則とする。犯人から不正の利得を剝奪せんとする追徴の趣旨からすると、追徴は原則として現実に各人が取得した利益の限度で行ない、その算定が不可能な場合に平等分割して行なうべきものとすべきではあるまいか。

物価統制令三三条但書の規定が、同令違反の行為につき刑法一九条ノ二の適用を排除するものでないことについては、前掲【1】の判例があり、賍物の対価のうち公定価格超過分の追徴については、前掲【59】の判例を参照されたい。金員の貸与を受けて賄賂を収受した場合、これを没収できないときは、一九条ノ二によって追徴することができる（前掲【56】【57】）。また判例は、関税法一一二条の犯罪貨物が甲から乙に譲渡された場合、既に乙に対し右貨物を没収する旨の判決があった以上、もはや同法一一八条二項により甲から犯罪貨物の価額を追徴することはできないが、刑法一九条ノ二により甲に対して犯罪貨物の対価に代る追徴を言渡すことは妨げないとする（後掲【183】）。

四　没収・追徴の効力

（一）　没収によって、国庫はその物に対する権利を原始的に取得する。株券が没収されたときは、没収の効力は右株券に表彰された株主権に及ぶ（前掲最判【4】）。

没収の効力発生時期については、没収執行のときとする説（例えば、団藤重光「刑法綱要」総論三九七頁）と、判決確定のときとする説（例えば、植松正「没収」刑事法講座第三巻六二八頁）とがあるが、最高裁判例は、押収され検察官の保管に係る株券につき、判決確定と同時に没収の効力が生じるとした。

【85】「……没収の目的である株券が押収されて検察官に保管されている場合には、没収の判決の確定と同時に没収の効力、換言すれば、株式の国庫帰属の効力（但し、少くとも没収の言渡を受けた者と国との関係においてである）を生じ、この場合特に所論のような検察官の執行命令による執行を必要とするものではないと解するのが相当である」（最判昭三七・四・二〇民集一六・四・八六〇、前掲【4】と同一判決）。

右判決で問題となった事案は旧刑訴法の適用を受けた事案であるので、押収株券は検察官の保管するところであった。右判例が「……押収されて検察官に保管されている場合には」と説示しているところからすると、押収物は裁判所が保管占有する現行刑訴法の下においても、これを同一に論じ得るかどうかは必ずしも明らかとはいえない。右事案の第二審判決【86】は、没収の効力発生時期を「執行官たる検察官が占有を取得したとき」としているのに対し、第一審判決【87】は端的に「国の占有」の取得時期を問題としており、両者の見解に相違があることは明らかである。

【86】「次に、上記三会社の株主である権利を没収した効力がいつ生じたかについて判断する。株主である権利を判決で没収した場合に、被控訴人はその判決が確定すれば当然没収の効力が生ずると主張するが、没収も株式についての権利の移転であるから、一方、株式の性質からして、株券の占有の移転があることを必要とし、他方、刑事訴訟法第四九〇条、第四九一条（旧刑事訴訟法第五五三条）の規定の趣旨からみれば、刑事訴訟法も没収の執行ということを認めているのであるから、株式に関しては、執行もないのに判決の確定によって当然没収の効力が生ずるとはいえないと解するを相当とする。それで、本件の場合に、上記三会社の諸株式に対する没収の効力はいつ生じたのかというに、控訴人と被控訴人との間の関係のみをみれ

ば、控訴人主張のように、名義書換を了したときと解する必要はなく、被控訴人が右諸株式の株券を適法に占有したときに、没収の効力が生じたと解するを相当とする。没収の執行は検察官によつてのみなされることは刑事訴訟法の規定からみて明らかなところであるが、控訴人に対する上記刑事々件は旧刑事訴訟法によつて処理されていたので、上記判決の確定した昭和二十九年六月十三日当時には、東京高等検察庁検事が保管して占有していたことは、当審証人山本正義の証言及び成立に争のない乙第一号証によつて認めることができるから、没収の執行担当者である検察官が右諸株式を占有していたと解するを相当とし、右諸株式については、上記判決の確定した昭和二十九年六月十三日に没収の効力を生じたと解するを相当とする。もつとも、右乙第一号証の記載によれば、東京高等検察庁では昭和二十九年十二月七日になつて初めて没収の手続をとり、国庫に帰属させた旨の記載がなされているが右は内部の事務的手続が遅れて同日なされたものと解することができるから、同号証の記載は上記認定判断の支障とはならない」（東京高判昭三二・四・二六下級民集八・四・八二三、前掲【5】と同一判決）。

【87】「没収刑は常に特定物を目的とし、これを原始的に国に帰属せしめる意思表示であるから、一般的にはその判決の確定と共にその効力を生ずるものと解するのを相当とする。

刑事訴訟法第四九〇条ないし第四九二条が執行方法につき規定しているのはその目的物が押収されていない場合に没収の言渡を受けた者又はその死亡による相続もしくは法人の合併によりこれが占有を取得した者に対し、強制的に没収物の提出を命じて、これを国の占有に移すことを律したものに過ぎないのである。しかし、没収の目的物が記名株式であるときは、記名株式の特質から別異に解釈しなければならない。すなわち、商法第二〇五条第一項は記名株式の譲渡は株券の裏書により又は株券及びこれに株主として表示せられた者の譲渡を証する書面の交付によりなすとあつて、株券に対する占有移転は譲渡の効力発生要件であると解すべきところ、これは株券の有価証券的性質からの必然の帰結であるから譲渡以外の没収の場合と雖も同様であつて、没収の効力を生ずる為には株券の占有移転が必要である。

そこで、没収の目的物たる株券が押収されていないときは、没収刑の執行により国が株券の占有を取得したときに没収の効力を生ずるのであるが、これに反し、株券が押収されている場合は、既にこれが国の占有に移つているのであるから、株主権移転の効力発生要件たる株券の占有移転という手続をふむ必要はなく、執行の観念を容れる余地はないのである。（ただ、裁判所の証拠品係から検察庁のその係に没収物が引き継がれることと没収物の性質に従い、換価廃棄又は偽造部分等の抹消等の措置がなされることは考えられるのであるが、前者は国の占有の範囲における内部手続に過ぎず、後者は没収後の処分行為に過ぎないのであつて、いずれも執行を以て目すべき限りではない。）

被告は、この場合の執行は株主名簿の名義書換をすることであると主張するけれども、この書換は会社に対し株主権を行使する前提にすぎず株式の移転とは直接関係ないものであるから到底執行とは言い得ない。

要するに、没収の目的たる株券が押収されているときは、没収判決の確定と同時に没収の効力を生じ、株主権は国に帰属するものと解しなければならない」（東京地判昭三〇・一一・三〇下級民集六・一一・二五四〇）。

（二）　裁判の効力は、その当事者に対してのみ及ぶのが原則である。しかし、刑法一九条二項によると、訴外第三者の所有物であつても、右第三者が共犯者または知情取得者と認められる場合には、これを没収することができる。このいわゆる第三者没収の規定は、関税法、酒税法等の特別法中にも広く存在する。かような規定による没収は、被告人に対する附加刑としての没収の言渡により、当該第三者に対し直接所有権剝奪の効果を生ずるものとされる。

【88】「関税法一一八条一項の規定による没収は、同項所定の犯罪に関係ある船舶、貨物等で同項但書に該当しないものにつき、被告人の所有に属すると否とを問わず、その所有権を剝奪して国庫に帰属せしめる処分であつて、被告人以外の第三者が所有者である場合においても、被告人に対する附加刑としての没収の言渡により、当該第三者の所有権剝奪の効果を生ずる趣旨であると解するのが相当である」（最判昭三七・一一・二八刑集一六・一一・一五九三）。

もつともこの点については、判決の効力が訴訟の当事者とされない第三者に及ぶということはあり得ないとする反対説も、ないわけではない。右【88】の最高裁大法廷判決における山田裁判官の反対意見のごときは、その代表的なものである。

「刑事訴訟法では、被告人に対して言い渡される判決の直接の効力が、被告人以外の第三者に及ぶと言うことは認められていない。この理は、単に刑訴において然りとするのみならず、民訴、破産法等を含めて確立されている訴訟法の基礎原理の一つである。従つて、実体法上第三者の所有物を没収し得るとの規定があつても、その規定を実現するには、必らず、刑事訴訟法において、何らかの方法により（例えばその第三者を民訴における参加手続、若しくはかつての附帯私訴手続の如く）その訴訟の当事者とする（判決書に少くともその第三者が当事者として記載され得る）手続を要するのであつて、今その手続規定を欠くに拘らず、訴訟法の根本理論を無視し、被告人に対する附加刑としての没収の言渡の効果が第三者にまで及ぶと解することは、到底これを是認することが出来ない。（中略）わたくしは、現行法上は没収は、被告人の没収の目的物に対して有する財産上の法益の剝奪と解するから、被告人に対する没収の言渡の効果は、被告人がそのものにつき所有権を有する場合は、その所有権を、単に、占有権、使用権のみを有する場合は、その占有権、使用権を剝奪するものと解する。（後略）」（山田裁判官の反対意見）

しかし、もし第三者没収の判決が、山田意見のいうように被告人のその物に対する占有権、使用権の剝奪の効果のみしかもたらさないとするならば、刑法一九条二項但書、関税法一一八条一項但書等が、第三者没収をその第三者の知情の有無に係らしめていることは、全く無意味に帰するであろう。

没収の効果が所有者たる第三者に何ら及ばないものである以上、右第三者の知情の有無により、没収の可、不可を決すべき必要は毫もないからである。裁判の効力が、原則として当事者以外の者に及ばないことは、山田意見の述べるとおりである。しかし、事柄によつては、法によつてその例外を定めることも不可能ではあるまい。現行刑事訴訟法においても、第三者の納付した保釈保証金が、被告人に対する没取の決定により、直ちに国庫に帰属するような例があるのである。没収の保安処分的要素、更には第三者没収制度のすぐれて政策的な、制裁的要素を考えるならば、第三者没収は、山田意見のいわゆる「訴訟法の基礎原理」に対する例外を定めたものであつて、被告人に対する附加刑の反射的効果として、第三者の所有権を剝奪し、国庫に帰属せしめる趣旨のものと理解すべきであろう。

かように、第三者所有物の没収を命ずる判決の効力が、直接に訴外第三者に及ぶことを前提とする以上、その第三者に対し、訴訟上何ら意見、弁解その他防禦の機会を与えることなく、これを没収することは、憲法三一条、あるいは二九条の規定に違反するのではないかという疑問をもたらさずにはおかなかつた。先ず昭和三二年一一月二七日の最高裁大法廷判決は、斎藤悠輔裁判官を除くその余の裁判官の多数意見において、旧関税法八三条一項が合憲である所以を次のように述べている。

【89】「本件犯行当時の関税法（昭和二三年法律一〇七号により改正された明治三二年法律六一号）八三条一項は、「第七十四条、第七十五条又ハ第七十六条ノ犯罪ニ係ル貨物又ハ其ノ犯罪行為ノ用ニ供シタル船

船ニシテ犯人ノ所有又ハ占有ニ係ルモノハ之ヲ没収ス」と規定していて、その文理のみからすれば、犯人以外の第三者の所有に属する同条所定の貨物又は船舶でも、それが犯人の占有に係るものであれば、右所有者たる第三者の善意・悪意に関係なく、すべて無条件に没収すべき旨を定めたもののごとく解せられないことはない。しかし所有者たる第三者が同条所定の犯罪の行なわれることにつき、あらかじめこれを知らなかつた場合即ち善意であつた場合においても、なお同条項の規定により第三者の所有に属する貨物又は船舶を没収するがごときは、犯人以外の第三者の所有物についてなされる没収の趣旨及び目的に照らし、その必要の限度を逸脱するものであり、ひいては憲法第二九条違反たるを免れないものといわなければならない。即ち上記関税法の条項は、同条所定の貨物又は船舶が犯人以外の第三者の所有に属し、犯人は単にこれを占有しているに過ぎない場合には、右所有者たる第三者において、貨物について同条所定の犯罪行為が行なわれること又は船舶が同条所定の犯罪行為の用に供せられることをあらかじめ知つており、その犯罪が行なわれた時から引きつづき右貨物又は船舶を所有していた場合に限り、右貨物又は船舶につき没収のなされることを規定したものと解すべきであつて、このように解することが犯人以外の第三者の所有物についてなされる没収の趣旨及び目的に適合する所以であり、また、かく解すれば、右条項は何ら憲法二九条に違反するところはない」(刑集一一・一二・三一三二)。

右判決は、旧関税法八三条一項に、現行関税法一一八条一項と略々同趣旨の解釈を施し、かかる制限的解釈によつて、憲法二九条との関係における合憲性を肯定したのであつた。これに類似の先例としては、昭和二五年法律第二一七号による改正前の狩猟法違反事件に対する大審院の判例が存する。

【90】「狩猟法第二十一条第二項ハ、犯罪ノ用ニ供シタル物件ニシテ犯人ノ所有ニ属スルモノ及其ノ所持スル物ヲモ没収スル旨ヲ規定セルモ、権利者ガ一時無意識ニ放置シタル物若ハ犯人ガ強窃盗ニ依リ又ハ其ノ

他権利者ノ意思ニ依ラズシテ所持ヲ取得シタル物ノ如キハ、之ヲ犯罪ノ用ニ供セラレタレバトテ没収スルノ法意ナリト解スルヲ得ズ。蓋右法条ハ、狩猟取締ノ必要上刑法第十九条第二項ノ適用ヲ排除シ没収刑ヲ設ケタルモノナルモ、固ヨリ法律上正当権利者ヲ保護スルコトヲ要スルモノニシテ、其ノ者ノ損害ニ於テ如上物件ヲ没収スルガ如キハ法理上何等正当ナル根拠ナキガ故ニ、此ノ如キ場合ニ付右条項ヲ適用スルハ立法ノ精神ニ非ザルコト明ナレバナリ。而シテ原判決ハ、所論犯罪供用ノ物件タル判示猟銃ハ、被告人ノ所持ニ係ルヲ以テ之ヲ没収スル旨説示シタルモ、其ノ証拠説明ノ部ニ、被告ハ判示猟銃ノ権利者タル主人晋三ノ猟場ニ差置キ立去リタル際其ノ猟銃ヲ使用シタル趣旨ノ記載アリテ、被告ノ判示猟銃ノ所持ニ付テハ、権利者タル主人晋三ノ承認アリヤ否ヲ推断スルヲ得ザレバ、原判決ニ於テ右猟銃使用ノ事実ヲ認メ、直ニ之ヲ被告人ノ所持ニ係ルモノトシテ没収シタルハ、理由不備ノ不法アルモノトス」（大判大一一・一二・六刑集一・七三〇）。

【89】の判決によると、関税法違反事件において第三者没収が許されるのは、その第三者が、被告人と実質上共犯関係にある場合か（例えば、密輸出に供されることを知りながら、自己の所有する船舶を貸与した者）、もしくは被告人と事後従犯的立場にある場合（例えば、密輸入品たることを知りながら、それを譲り受けた者、いわゆる関税贓物犯）に限られることになろう。してみると、かような第三者に対する関係においては、憲法二九条の問題は起り得ないかのようである。しかし、問題は、その所有者が、果してそのような知情者であるかどうか、また、それを確認する手続はどうあるべきかという点にも存する。右の判決の多数意見は、第三者の知情の有無を確認するための手続については、何ら触れるところがなく、従って、憲法三一条との関係は明らかにされなかった。ただ、斎藤悠輔裁判官は、その反対意見の中でこの点につき次のように言及されている。

「多数説は、前記関税法八三条一項を解して第三者たる所有者が悪意であるときは、その所有者に対しても貨物又は船舶を没収しうることを想定したものとする。しかし、この解釈は、旧関税法八三条一項の法文に全然副わない曲解であつて、徒らに新関税法一一八条一項の規定に無批判的に追随せんとするものである。すなわち、仮りに、第三者たる所有者が悪意であつたとしても、ドイツ刑事訴訟法四三〇条、四三一条のごとき訴訟手続規定を設け、その没収につき所有者を訴追した上、被訴追者をして意見、弁解、防禦等の機会を与えることなしに、その所有者に対し没収を科するがごときは、裁判の本質に反するばかりでなく、正に憲法三一条に違反するものといわなければならない。されば、ドイツ法のごとき手続規定を欠くわが新関税法一一八条一項の第三者である悪意の所有者に対する没収規定（刑法一九条二項も同様である。）は、適用のできない空文であり、従つて、これに追随する多数意見も失当である。」

この斎藤意見は、多数意見が意識的にかあるいは無意識的にか触れるところのなかつた重大な問題点を、鋭く指摘したものであつた。その後昭和三五年一〇月一九日の大法廷判決（後掲【11】）に至つて、この憲法三一条問題は俄然クローズ・アップされることとなつた。もつともこの判決は、後述するように八対七の少差を以つて、被告人が第三者に対する権利侵害を理由に没収の違憲性を主張抗争することは許されないとして、いわゆる門前払の措置に出、本問に直接答えるのを避けたのであるが、その少数意見において、入江俊郎、河村大助及び奥野健一の各裁判官は、旧関税法八三条一項による第三者所有物の没収が、憲法三一条の法定手続の保障を欠くため違憲である旨を主張され、小谷、島、河村又介及び池田各裁判官は、入江意見に同調されたのであつた（刑集一四・一二・一五七四）。これら反対意見の論旨を次にみてみよう。

〔入江意見〕「第三者没収は第三者に対する関係においては刑罰ではなく、保安処分であると考えるのであるが、現行法制の下においては、それは常に主刑たる刑罰に附加され、主刑を言渡される被告人の犯罪行為に対する国家の評価として主刑に不可分に被告人に対し言渡されるのである。また、第三者没収は、その第三者に知情の事実がなければならないとせられるところから（この点は旧関税法違反被告事件についての前掲当裁判所大法廷判例参照。そして、この知情の事実の存在を必要とする考え方は正当であると思う。）、この点についての審理を尽した上でなければ第三者没収は言渡し得ない。これらの諸点を併せ考えると、第三者没収の言渡はこれと不可分に言渡される主刑と一体をなすものとして、その手続を考えるべきであると思う。しからば第三者に対しては、当該訴訟手続において、何らかの方法により、予め告知、聴問の機会を与え、弁解、防禦をなすことを得せしめることが、第三者没収についての憲法三一条の最小限の要請といわなければならないと考えるのである。

しかるに現行法制の下においては、刑法一九条二項の第三者没収においても、関税法その他特別法の第三者没収においても、右に述べたような予め告知、聴問の機会を与える特別な規定は何ら定められていない。（ドイツ刑事訴訟法四三一条二項、三項にはその趣旨に合うような特別な規定が置かれていることは前述した。）しかし、制度上、そのような法律の規定を欠いたからといって、その一事によって、第三者没収を定めた旧関税法八三条の規定が違憲であり、またはそれに基づいて第三者没収を言渡した裁判が違憲であるかといえば、わたくしは、そのような手続法規の欠缺が憲法三一条の要請を満たさないからといって、それが直ちに、第三者没収の根拠規定である旧関税法の実体規定またはこれに基づいてなされた第三者没収を言渡した裁判を違憲ならしめる必然的の関係はないと思う。ただ問題はその裁判のやり方如何であって、もしその裁判が第三者没収を言渡すに当り、審理の手続面において、上述したような憲法三一条の要請に適合する何らかの事前の告知、聴問の機会を第三者に与えておらず、従つて第三者は当該訴訟手続において意見を開陳し弁解、防禦を試みることが不可能な状態に置かれたとすれば、その点において、右裁判は憲法三一条に違反するものたるを免れないこととなるであろう。しからば、制度上これがための特別の規定のない現行法制の下においては、裁判における審理の手続面において、右の要請は実際上いかなる方法によつて満たしうるかといえば、わたくしは、それは右第三者を証人として法廷に召喚し、証人調の段階においてこれに第三者没収の趣旨を告知し、意見を開陳し、弁解、防禦を試みうる機会を事前に与えることによつて可能となると考えるのであつて、第三者没収が前述のとおり第三者の知情を前提とする限り、これを証人として召喚することは訴訟手続としては恐らく必要不可欠の事柄でもあろうし、証人は自己に有利な主張、立証をする権限のない点において、不充分のそしりは免れないとはいえ、その機会に自己の所有物が没収されるかも知れないことを察知して刑訴四九七条の手続により、または所有権に基づく民事訴訟を提起する等の方法によつて、その権利を防禦することができるのであるから、せめて前記程度のことが履践せられるならば、その裁判は憲法三一条の最小限度の要請を充たしたものとして、違憲たるを免れると思うのである。(勿論、第三者の告知、聴問につき、立法によつて周到、適切な規定を設けるにしくはないが、それは立法機関の職責であつて、裁判所としては、それ以上立ち入ることはできない。)

しかるに本件においては、記録によれば船主山田善吉は何ら上述の要請を充たしうる取調をうけていない。しからば、本件第三者没収を言渡した原判決はこの点において憲法三一条違反といわざるを得ず、上告趣意が本件につき憲法三一条違反をいう理由については、上述したところと必ずしも一致しない点もあるが論旨は結局において理由あるに帰する。」

〔河村(大)意見〕「問題の第三者没収は、被告人に対する附加刑であるが、その刑事処分の効力が第三者の所有権剝奪に及ぶものであるから、第三者の立場から見ても多分に刑事的制裁の性質を有し、附加刑処分を受ける被告人ではないけれども、その所有権剝奪の制裁を受ける点において、正に法律の定める正当手続の保障を受けるに値するものと謂わなければならない。然るに旧関税法八三条は第三者没収について、帰責事由に関し何等の合理的基準を定めていない。(関税法一一八条一項但書、刑法一九条二項但書のように第三者の知情を要件とすべきか又はその物が犯罪の用に供せられるにつき所有者たる第三者に過失ある場合も帰責事由とすべきかは立法政策の問題に属する)もっとも、この点について、大法廷判決(昭和二六年(あ)第一八九七号昭和三二年一一月二七日判決)は「所有者たる第三者において、貨物について同条所定の犯罪行為が行われること又は船舶が同条所定の犯罪行為の用に供せられることをあらかじめ知っており、その犯罪が行われたときから引きつづき右貨物又は船舶を所有していた場合に限り、右貨物又は船舶につき没収のなされることを規定したものと解す」べきであると判示して「所有者の悪意」を第三者没収の主観的要件としている。しかし判例が右のような合理的基準を想定したことは疑いなきを得ない。明文は、所有者たる第三者の善意悪意に関係なくすべて無条件に没収できるようになっているのであるから、これに主観的要件を附け加えることは解釈としては無理ではなかろうか。

のみならず特に当該訴訟において所有者に告知、聴問の機会が与えられていないことは法の不備といわなければならない。すなわち、適法手続の本質的要素は、処分を受ける前に必ず告知を受けて、その訴訟手続に参加し、防禦権行使の機会が与えられることを要するものである。けだし、自ら犯罪を行った犯人に対しては、当該訴訟において、その没収処分についても意見弁解の機会が与えられているのに拘らず、没収の直接効果が及ぶ第三者に防禦の機会が与えられていないことは甚だしく個人の権利を侵す結果となるものだからである。（なお、所有者を証人として尋問するだけでは、憲法三一条の要請にこたえることにはならない。けだし所有者はその訴訟手続に参加して防禦権行使の機会を与えられることによつてのみ、法定手続の保障は完うされることになるのであつて、単に証人として尋問されるだけでは防禦の権利を与えられたことにはならないからである。また訴訟手続から言つても、所有者の悪意を認定するには、所有者を証人として尋問しなければならないというような証拠調の制限は、できないことというをまたない。）

以上の理由により旧関税法八三条一項中犯人の占有に係る物は没収する旨の規定は憲法三一条の法定手続の保障を欠くため違憲であり、従つて同条を適用して浜栄丸を没収した原判決も違憲無効であると解する。」

〔奥野意見〕「そもそも、没収は犯罪の行われた場合に、その犯罪に関連ある一定の物件の所有権を剝奪して、国がこれを原始的に所得する処分であつて、この理は犯人の所有物でない第三者の所有物の没収の場合においても何ら変りはないのである。（中略）そして、没収される物件の所有者が被告人であると第三者であるとを問わず、これを没収するにはその物件が犯罪と一定の関連があること、その犯罪が適法に起訴されたことについての告知、審問の機会が与えられ、それに対する意見、弁解および防禦権行使の機会が与えられなければならないものと解する。このことは憲法三一条、一四条、二九条の各規定から当然要請される帰結であるといわなければならない。（中略）

そして、右憲法三一条の法律に定める手続の内容は、没収によつて所有権を剝奪する場合においては最小限度当該所有者に前記の如き告知、審問および防禦権行使の機会を与えるものでなければならない。然らずして、所有者に何らかかる機会を与えることなく、その者の所有権を剝奪するが如きことは、国民の基本的人権を保障し、殊に財産権につき憲法二九条において「財産権はこれを侵してはならない」と保障するわが憲法の到底容認しないところであると解すべきである。そして、所有者が単に証人として尋問を受ける機会があるというだけでは右憲法三一条の要請を充足するものとはいえない。けだし、証人は自己に有利な主張および立証をなす権限を与えられていないからである。のみならず、犯人たる被告人が自己の所有物について没収の刑を受ける場合にあっては、刑訴法により当然被告人として告知、審問、防禦権行使の機会が与えられるのに反し、被告人以外の第三者がその所有物を没収される場合には全然かかる機会が与えられないということは、被告人でない所有権者は、被告人である犯人の場合に比し著しく不利益な差別的取扱を受けるものであって、その間何ら合理的な根拠を発見できないのであるから憲法一四条の法の下に平等であるとの原則にも違反するものといわねばならない。

然るに、関税法八三条は被告人以外の第三者の所有に属する物件の没収については、当該所有者に対し何ら前述の如き手続を経べきことを定めておらず、また、刑訴法その他の法令においてもかかる手続規定がない。従つて、右八三条中被告人でない所有者の所有物件の没収についての規定は、何ら告知、審問の機会を与えることなく、また意見、弁解および防禦権行使の機会を与えることなく、直ちに、第三者たる所有者の物件を没収することができる趣旨であると解するの外なく、かくては、正に憲法三一条、二九条、一四条に違反するものと断ぜざるを得ない。従つて、右違憲な法規に従つてなした本件没収の言渡も違憲であつて、原判決中本件没収に関する部分は破棄を免れない。」

右の少数意見には、傾聴すべき点が多々あつた。果せるかな、第三者没収の問題は三たび大法廷で争われ、昭和三七年一一月二八日、所有者たる第三者に告知、弁解、防禦の機会を与えることなくその所有物を没収することは、憲法三一条、二九条に違反するとする画期的な判決が九対五の多数意見で出るに至つた。

【91】 第三者没収は、被告人に対する附加刑の言渡により、当該第三者の所有権剝奪の効果を生ずるとする前掲【88】の判示に続けて、「しかし、第三者の所有物を没収する場合において、その没収に関して当該所有者に対し、何ら告知、弁解、防禦の機会を与えることなく、その所有権を奪うことは、著しく不合理であつて、憲法の容認しないところであるといわなければならない。けだし、憲法二九条一項は、財産権は、これを侵してはならないと規定し、また同三一条は、何人も、法律の定める手続によらなければ、その生命若しくは自由を奪われ、又はその他の刑罰を科せられないと規定しているが、前記第三者の所有物の没収は、被告人に対する附加刑として言い渡され、その刑事処分の効果が第三者に及ぶものであるから、所有物を没収せられる第三者についても、告知、弁解、防禦の機会を与えることが必要であつて、これなくして第三者の所有物を没収することは、適正な法律手続によらないで、財産権を侵害する制裁を科するに外ならないからである。そして、このことは、右第三者に、事後においていかなる権利救済の方法が認められるかということとは、別個の問題である。然るに、関税法一一八条一項は、同項所定の犯罪に関係ある船舶、貨物等が被告人以外の第三者の所有に属する場合においてもこれを没収する旨規定しながら、その所有者たる第三者に対し、告知、弁解、防禦の機会を与えるべきことを定めておらず、また刑訴法その他の法令においても、何らかかる手続に関する規定を設けていないのである。従つて、前記関税法一一八条一項によつて第三者の所有物を没収することは、憲法三一条、二九条に違反するものと断ぜざるをえない」（昭和三〇年(あ)第二九六一号事件判決、前掲【88】と同一判決）。

なお、同日旧関税法八三条一項による第三者没収についても、右【91】の判決と全く同趣旨の判決がなされた(昭和三〇年(あ)第九九号事件、刑集一六・一一・一五七七)。

これら第三者没収違憲判決は、関税法一一八条一項あるいは旧関税法八三条一項の没収規定そのものを違憲、無効と判示したものではなく、所有者たる第三者の権利保護のための手続を欠く現行法制のもとで、これら各規定によつて第三者所有物を没収する原判決の「処分」の違憲・無効を宣言したものと解するのが正当であろう。そうだとすると、この没収ができない場合に被告人に対して言渡される追徴処分については、追徴が第三者に対して何らの効果をも及ぼすものでない以上、これを直ちに違憲・無効と判断すべき論理的必然性はない筈である。しかるに、次の最高裁大法廷判決は、至極簡単にかかる場合の追徴処分も許されない旨判示した。

【92】「次に原判決は、本件押収にかかる天力丸を、原判示第一の密輸出の犯罪行為の用に供した船舶であるとして、旧関税法八三条一項二項により被告人三原、同岸本、同実兼から没収し、また同第一の密輸出にかかる貨物は没収できないとして、同条三項によりその原価、金一〇八、〇四五円を右被告人三名から追徴しているのであるが、同条一項により被告人以外の第三者の所有物を没収することは、同法その他の法令において所有者たる第三者に対しその所有物件の没収につき、告知、弁解、防禦の機会を与えるべき旨の規定を設けていないから、憲法三一条および二九条に違反し許されないものと解すべきことは、当裁判所の判例(昭和三〇年(あ)第九九五号、同三七年一一月二八日大法廷判決)とするところであり、従つてまた旧関税法八三条三項の追徴の規定も、右の如き理由により没収そのものが憲法上許されない場合には、その適用の余地がないものと解するを相当とする。しかるに記録によれば、押収に係る天力丸および原判示第一の密輸出貨物は、いずれも右被告人三名以外の第三者の所有に属することが明らかであるから、右天力丸の没収の言渡は、憲法の右各条に違反するものであり、また右密輸出貨物も同様の理由により本来その没収自体

が憲法上許されないものであるから、旧関税法八三条三項によりその没収に代わる追徴もまた許されないものというべく、それ故原判決中被告人三原、同岸本、同実兼に関する部分は、この点においてもこれを破棄しなければ著しく正義に反するものと認める」（最判昭三七・一二・一二刑集一六・一二・一六七二）。

右判決は、追徴規定適用の余地がない理由については、何ら述べるところがないが、おそらく没収の転化処分たる追徴の本質、即ち追徴の代位性、補充性に重きをおいてかような結論を導いたものではないかと思われる。しかし、前掲【91】の判決が没収の実体規定そのものを違憲・無効と宣言したものと解するならばともかく、これを適法手続を経ない没収処分の違憲性を判断したにすぎないものと解する以上、右【92】の判決の論理過程には疑問があるといわざるを得ない。

第三者没収の違憲問題は、単に関税法の没収のみにとどまらず、刑法一九条二項についても生ずる。また特別法の没収規定、例えば酒税法五六条二項、食糧管理法三二条二項、船舶法二二条の二、二三条、漁業法一四〇条等においても、同様の問題が生ずるのである。これらの規定は、所有者たる第三者の権利保護のための手続規定が整備されない以上、事実上運用できない状態にあるものということができよう。早急な立法措置が望まれることはもちろんである。

（三）　次に、自己の所有物件を没収された第三者の救済方法の有無が問題となる。この点について前掲【91】の判決の多数意見は、その見解を明らかにしていないが、下飯坂裁判官はその反対意見において、適法手続を経ずに所有物を没収された第三者は、刑事訴訟法四九七条の手続及び国に対する返還訴訟によつて保護されるものと主張され、石坂裁判官はこれに同調される。しかし、この点については、右判決中の奥野裁判官の補足意見の見解を正当とすべきではあるまいか。

〔奥野補足意見〕「かかる場合でも所有者たる第三者は民事訴訟により救済を求め得ると論ずる者もあるが、国が一方において没収の対象たる物件が被告人の所有物であると第三者の所有物であるとを問わず、等しく没収により国庫に帰属せしめるという制度を採りながら、他方で第三者たる所有者に、没収の判決確定後でも、民事訴訟により国家に対し没収に係る物件の返還又は不当利得の返還の請求を許容するというが如きことは国家意思の矛盾であって、到底是認することを得ない。すなわち、没収の言渡が確定しても第三者たる所有者は民事訴訟によって裁判所に救済を求めることができるという論は、没収の裁判にも拘らず所有権が剝奪されないこと、言い換えればかかる没収は違憲・違法であり、従って没収の効力を生じないことを前提として始めて是認される議論である。

　なお、自己の所有物件を没収された第三者は、刑訴四九七条により没収物の交付を請求しうるとの説があるが、同条は、犯人以外の第三者の所有に属しないものとして没収の言渡をした判決の確定後、他に権利者があることが判明した場合に関する規定であって、裁判所が、第三者の所有物であることを認めた上、なおこれを没収すべきものであると判断して没収の言渡をした場合に適用すべきものではないと解する。」

なお、第三者没収は、判決当時その物が既に被告人の占有を離れている場合であっても妨げない。ただかような場合、第三者に対して右没収刑を執行し得るかどうかという点については、若干疑問がある（ポケット註釈全書「刑法」五七頁は否定的か？）。しかし、刑法一九条二項の規定よりすれば、判決の既判力（確定力）の及ぶ範囲と、執行力の及ぶ範囲とを、敢えて別異に解すべき理由はないように思われる。もっとも、この点についての判例は未だ存しない。

五　没収・追徴に関する訴訟法上の諸問題

（一）　没収を言渡すためには、その物件が裁判所により押収されていることを要しない（最決昭二九・三・二三刑集八・三・三一八）その物の存在及び権利の帰属関係が明らかである限り、押収されていない物についても没収を言渡すことができる。

押収物件を没収するためには、その物件について証拠調べをする必要はなく、また証拠説明も必要でない。

【93】「……押収にかかる物件を犯罪の証拠とするためには、これを被告人に示し意見弁解を聞いて証拠調べをすることが必要であるけれども、押収物件を犯罪の用に供したものとして没収するがためには、その物件について証拠調べをする必要はない。けだし証拠調べは犯罪の証拠についての審理手続であるからである。また、これを没収するについて、その物件が犯罪の用に供せられたという証拠を特に判決に挙示する必要のないことも勿論である」（最判昭二三・七・二九刑集二・九・一一〇五）。

【94】「判決に挙示すべき証拠説明は判示の犯罪事実について之を為すべきもので、罪となるべき事実でないものについては証拠によつて之を認めた理由を明示する必要はない。押収物件が犯人以外のものに属するかどうかの認定は、もとより罪となるべき事実の認定でないから、所論のように原判決引用の証拠によつて本件押収になつている拳銃四挺が犯人以外のものに属しないかどうか明でないとしても、これを以て原判決が違法のものであるとはいえない」（最判昭二三・一二・一四刑集二・一三・一七六五）。

追徴金額の算定の基礎、没収することができない事由等についても同様である。

【95】「……第一審判決が、事実の取調と証拠によつて没収することができないことを認め追徴金額を算出した以上（原判決は記録により詳細に各項目を挙げて算出し第一審判決の計算の正当であることを説明している）、これを言い渡すにあたり必ずしも特に没収することができない理由並に追徴金額算出の基礎を証拠に挙げて判示することを要するものでもない。そしてまたこれらの事項は刑訴三三五条一項に定める罪となるべき事実にあたらないから、これを特に判示説明しなかつたからといつてなんら違法ということはできない」（最判昭二八・八・二五刑集七・八・一七六二）。

このように没収・追徴を言渡すためには証拠説明は必要でないけれども、それは勿論裁判官の恣意的な認定を許すものではなく、没収・追徴の要件の存在は証拠によつて認められなければならない。

【96】「原判決は所論第一号の匕首を没収する理由として、同匕首は本件犯罪行為に供した物で犯人以外の者には属しないから刑法第一九条によりこれを没収する旨説示したものである。しかし同匕首についてはその領置目録に、差出人及び所有者として第一審の相被告人小泉洪一と記載されてあるのみで同人に対する司法警察官の聴取書及び判事の訊問調書並びに第一審の公判調書における同人の供述記載によれば、右匕首の所有者は同人ではなく、被告人及びその共犯者以外の第三者たる高山某であること明白である。従つて原判決が経験法則上首肯するに足るべき証拠によることなく、漫然前記の如くこれを犯人以外の者に属しないと認めたのは失当である」（最判昭二三・一〇・一四刑集二・一一・一三四〇）。

(二)　没収を科する場合には、判決理由中で没収物件と犯罪との関係及びその所有関係について判示しなければならない。これを欠けば判決に理由を附さない違法（刑訴三七八）があることになる。追徴についても同様である。もつとも最近の判例は、没収物件の性質及び所有関係につき説示せず、単に「刑法一九条」のみを挙示した場合であつても、判文全体からその趣旨が明らかであるときは差支えないとする。

【97】「所論の如く原判決は匕首二振を没収せる旨言渡しながら、法律適用の部では没収に関する法条を適用していないから、理由不備の違法があり、破棄をまぬかれない」(最判昭二四・七・一二刑集三・八・一二三七)。

【98】「原判決ハ押収物中ノ金銭ガ被告等ノ所有ナルヤ否ヤ、本件賭博ニ関係アルヤ否ヤ等ノ点ニ付キ何等説示スル処ナキニ拘ハラズ輙ク原審ニ於テ刑法第十九条ヲ適用シ之レガ没収ノ言渡ヲ為シタルハ不法ナリ」(大判大五・七・一新聞一一七四・三〇)。

【99】「第一審判決ニ掲グル没収ニ関スル判示ハ、洵ニ論旨ニ表出スル所ノ如ク其事実ノ判示ニ依ルモ又法律ノ判示ニ依ルモ、果シテ刑法第十九条第一項ノ犯罪行為ヲ組成シタル物件ト認メタルモノナルヤ、又ハ犯罪行為ニ供シ又ハ供セントシタル物件ト認メタルモノナルヤ、若クハ犯罪行為ヨリ生ジ又ハ之ニ因リ得タル物件ト認メタルモノナルヤヲ知ルニ由ナキモノトス。蓋シ原判決ガ所論押収物件ノ没収ニ関シテ犯罪ノ供用物件ナルコトヲ説示シテ之ニ刑法第十九条ヲ適用スル旨ヲ判示スルカ、又ハ同法第十九条第一項第二号ヲ適用スル旨ヲ判示スルニ於テハ、其何レノ判示方法ニ依ルモ没収理由ノ説示トシテ敢テ不可ナシト雖モ、第一審判決ノ如ク単ニ刑法第十九条ニ依リ没収スル旨ヲ判示シタルノミニテハ理由不備ノ違法アルモノト謂ハザルヲ得ズ」(大判大一〇・一二・一四新聞一九三六・二一)。

【100】刑法一九条により没収とのみ判示した原判決を攻撃する弁護人の論旨に対し、「原判決引用の原審公判における被告人の供述によつて没収のナイフが被告人以外の所有に属しないことを窺い知ることができるばかりでなく犯罪の用に供したものであることもまた明白である。そして没収については所論の如き証拠説明は必要ではない。原判決は簡にすぎたきらいがないではないが原審は刑法第十九条を適用しておりこれと判示事実とを照じ合せて見れば所論ナイフは犯罪の用に供したものとして没収した

ものであることはわかるから論旨のような違法あるものとすることはできないから、論旨は理由がない」（最判昭二三・一〇・五刑集二・一一・一二五七）。

【101】「弁護人は「原判決は、被告人山西に対する没収の理由を説明するに当り、同被告人が被告人田畑より、現金の返還を受けたことを判示して居らないから、その理由に不備があるものである。」旨主張するけれども、没収理由の判示としては、当該物件が没収の法定要件に該当すること及び没収に関する適用法条を挙示すれば足り、特定の被告人に対し、その言渡を為すに至つた所以について迄、態々判示するを要しないと解すべきである云々」（名古屋高金沢支判昭三一・七・一七高裁特報三・一五・七三八）。

【102】「偽造ニ係ル文書ノ存在ガ社会ニ有害危険ナルコト顕然タルヲ以テ、斯ル文書ハ其性質上何人ニ対シテモ之ヲ所有スルコトヲ許容スベキモノニアラズ。既ニ其性質上之ヲ何人ニ対シテモ所有ヲ許容セザル以上ハ、同文書ガ犯人以外ノ者ノ所有ニ属セザルコト説明ヲ俟タズシテ明カナルヲ以テ、該文書ヲ没収スルニ当リテハ犯人以外ノ者ノ所有ニ属セザル事実ヲ特ニ説示スルノ要ナキモノトス」（大判明四二・一・二二刑録一五・一七）。

没収の適条の誤りは判決破棄の事由とならないものとするのが判例の大方の傾向であるが、犯人が不法に所持していた麻薬を麻薬取締法六八条によらず、刑法一九条を適用して没収した原判決を、判決に影響を及ぼすこと明らかな法令の違反があるとして破棄した高裁判例もある（東京高判昭三七・一一・二二東京高時報刑一三・一一・二五）。

【103】「……博戯ニ賭シタル金銭ハ刑法第十九条第一号ニ所謂犯罪行為ヲ組成シタル物ニ該当シ、所謂犯罪行為ニ供シ又ハ供セントシタル物ニ非ズ。故ニ原判決ニ於テ前示押収物件第二号ノ現金七円ヲ以テ本件犯罪行為ニ供シ又ハ供セントシタル物ナリト説示シタルハ其ノ当ヲ得ズト雖、右ノ理由ニ依ル刑法第十九条ニ依リ判示物件ヲ没収シタル以上、同物件ヲ以テ犯罪行為ヲ組成スル物ナリトシテ同条ニ依リ没収シタルト其

ノ帰結ヲ同ウスルヲ以テ、結局違法ニ非ズ」（大判大一二・五・一刑集二・三八九）。

【104】「……原審が海図五枚を没収するにあたり刑法一九条を適用せずに他の輸入貨物の没収と同じく関税法八三条一項を適用したのは法令違反の譏を免れないが、これらの海図が没収の対象となりうることについては前記のごとく否定できないのであるから、右の違法は未だ刑訴四一一条に該当する場合とは認められない」（最判昭二八・三・二七刑集七・三・六五九）。

【105】覚せい剤取締法第四一条の三、第四一条第一項第四号、第一七条第三項により没収すべき覚せい剤アンプルを、刑法第一九条により没収した原判決を攻撃する弁護人の論旨に対し、

「……原判決が刑法第一九条により没収したのは法律の適用を誤つたものなること所論のとおりである。然し、ひとしく没収処分をなす点よりみれば、右法律適用の誤は以て判決に影響をおよぼすべき事柄ではないから、結局原判決破棄の理由とはならない」（東京高判昭三〇・二・一高裁特報二・一、二、三合併・三五）。

共同被告人がある場合は、一般に判決主文において何人に対しいかなる物を没収するかを明らかにする必要がある。しかし、主文と理由とを対比するとそれが明らかである限り、理由不備の違法は存しない（最判昭二三・七・一四刑集二・八・八七六、東京高判昭二九・一二・二〇高裁特報一・一二・五五三）。

（三）　第一審で科さなかつた没収を、第二審において同一主刑に加えて科することは、刑事訴訟法四〇三条の不利益変更にあたる。この理は、第一審が必要的没収または追徴を遺脱した場合においても同様である（仙台高判昭二七・六・二八特二二・一四一、大阪高判昭二九・三・一五特二八・一一〇）。第一審で科せられた追徴の全額又はその一部を第二審で没収に変更することについて、大審院判例は没収が「刑」なるの故を以つてかかる場合も不利益変更にあたるとした（第一審が追徴一〇〇円であつたのを、第二審で没収三〇円、追徴七〇円とした事案につき、大判昭一二・一二・一四刑集一六・一五九七）。しかし最高裁の判例は実質主

義をとり、かかる場合もその金額が同一で実質上何等不利益がない以上差支えないとしている。

【106】「……右匕首については第一審判決は小泉洪一に対してのみこれを没収したものであり、そしてその判決に対しては被告人並びにその弁護人からのみ控訴したものであるから、右第一審判決の主刑を被告人のために軽く変更せざる限り、更に附加刑として被告人に対し右匕首を没収する言渡をなすことができないものである。然るに原審は第一審と同一の主刑を言渡し、しかも没収すべからざる匕首の言渡をしたのは右刑訴第四〇三条の規定にも反するものである」(最判昭二三・一〇・一四、前掲【96】と同一判決)。

【107】第一審判決が一万円を追徴したのを、控訴審判決が押収の千円札九枚を没収し、千円を追徴すると変更した点を攻撃する弁護人の論旨に対し、

「……控訴審判決の言渡した刑が第一審判決の刑より重いかどうかを判断するには、刑名等の形式のみによるべきではなく、第一、二審判決において言渡された主文の全体を観察して控訴審判決の刑が第一審判決の刑よりも実質上被告人に不利益か否かによつて判断されなければならないことは、当裁判所の判例とするところである。(中略)ところで、第一審判決で言渡された追徴を控訴審判決で没収に変更することは、形式的にみれば新たに刑を言渡した観があるけれども、没収すべき物の全部又は一部を没収することができないときは、その価額を追徴し得ることは一般に刑罰法令の規定するところであつて、没収と追徴とは表裏一体の関係にあるのであつて、その金額が同一である以上、追徴を没収に変更したからといつて、被告人の利害は実質上異ならないのであるから、これを目して不利益に変更したものと言うことはできない。本件において、第一、二審判決が被告人から徴収する総金額は同一であるから、第一審判決の判示したようにその全体が追徴に当るか、或は控訴審判決の判示したようにその一部分が追徴に当り、その余の部分が没収に当るかは名義上の区別に過ぎず、いずれの場合でも被告人の負担はその実質において不利益に変更されるところはない。(中略)されば、論旨掲記の大審院判例(編註、前出昭一二・一二・一四の判例)はこれを変更して原判決を維持するのを相当と認めるので、論旨は採用することができない」(最判昭三〇・四・五刑集九・四・六五二)。

主刑において第一審判決より軽い刑を言渡し、他方追徴金を増額あるいは新たに附加することは不利益変更となるか。大審院判例は、先ず主刑を標準として刑の軽重を論ずべきであるとの建前をとり、かかる場合は不利益変更の問題を生じないものとした（大判明四二・九・一〇刑録一五・一一三三、大判昭七・一〇・一三刑集一一・一四六二）。しかし次の最高裁判例は、かかる場合について、大審院判例のとった形式的な判断規準を退け、「実質的な見地から総体的に考察」してその軽重を判断すべきものとする。

【108】「原判決が、被告人側のみの控訴申立にかかり検察官の控訴申立のなかつた本件につき、被告人川口裏三郎に対し金額五七七、八六六円六六銭の追徴を言渡した第一審判決を破棄自判し、右金額を増額した六〇七、八六六円の追徴の言渡をしたものであることは所論のとおりであるけれども、本来、一、二審判決の刑の軽重を比較するには、これを形式的にのみ判断することなく、実質的見地から総体的に考察すべきものであるところ（昭和二五年（あ）第二五六七号、同二六年八月一日大法廷判決、刑集五巻九号一七一五頁、昭和二八年（あ）第三四三四号、同年一二月二五日第二小法廷判決、刑集七巻一三号二七四九頁参照）、本件においては、第一審判決が被告人川口に対し懲役一年、執行猶予三年を言渡したのに対し、原判決は懲役一〇月、執行猶予三年の言渡をしているのであつて、右程度に主刑の刑期が減ぜられている場合には、追徴金額の点において前記の如き不利益な変更があるとしても（本件追徴金額の増額は、原審において新たな事実を認めたことによるものではなく、第一審裁判所の計算違いによるものであることは、第一、二審判決の各判文に徴し明白である。）、前記総体的考察において結局刑訴四〇二条にいわゆる「重い刑」を言渡したことにならないと解するのが相当である」（最決昭三七・六・一八刑集一六・七・一二六五）。

なお特異な事例として、元来没収すべきであった押収に係る現金を没収することなく、これと同額の追徴を科した第一審判決は違法であり、右押収金を原判決後検察官において被告人に還付し、それが費消されたとしても、「かかる爾後の事実によつて右違法が補正されるものではないのみならず、右事実に基づいて当審が更に追徴することは正義に反するもの」で許されないとした判決例がある(東京高判昭二八・五・二〇東京高時報刑三・六・二二八)。

(四)　刑訴法一二二条による押収物の換価代金は、被換価物件に代るものであり、その物と同一視し、没収の対象となる(前掲【12】)。判決前に押収物を換価した場合、没収の言渡は換価金についてするのが通例であるが、端的に換価前の物件につき没収の言渡をしても差支えない。換価金は押収物と同一視され、没収の関係においては押収物それ自体とみなされるものであるから、押収物を没収する旨の判決によつて、その換価金を当然没収することが許される。昭和三三年三月五日の最高裁判決(刑集一二・三・三八四、後掲【170】の判決)は、かかる場合につきその主文において、「大蔵事務官差押にかかる第三福徳丸(その換価代金)……はこれを被告人から没収」する旨判示している(右判例は他の理由で破棄自判したもの)。次の福岡高裁判例も同趣旨であるが、他方かかる場合は換価金につき没収すべきもので、被換価物件につき没収の言渡をした原判決は違法とし、但し右違法は判決に影響を及ぼさないとした高裁判例(福岡高判昭二七・二・二八特一九・六二)も存在する。

【109】「およそ押収物は没収の判決により、国家に帰属し、結局公売に附せられ、換価されるものであるから、没収することができる押収物について換価処分がなされた場合における換価代金は、刑法第十九条その他の没収を規定した法令の規定の適用に関しては被換価物件と同一視すべきもので、いわゆる押収物の対価ではないのであり、また押収物の換価に関する刑事訴訟法第百二十二条の規定は捜査に準用(第二百二十二条)されること、及び没収の裁判の執行も検察官の命令により為されることから考究すれば、当該押収物

の没収の裁判が確定したときは、押収物が換価処分に附せられている場合には、その執行として当然該押収物の換価代金が没収されることになるのであつて、没収の裁判により押収物自体又はその換価代金のいずれがその結局没収されるかは、該裁判の執行に帰することがらであるということができるので、裁判所としては該押収物が既に換価されている場合にはその換価代金の没収を言渡すを通例とするのであるが、右に説示の理により押収物に対して没収の言渡をなすも差支えないものと解するを相当とする」（福岡高判昭二七・二・二二一八特一九・一三三）。

なお、没収物件が犯人以外の者に属しないことの認定につき、

【110】「弁護人提出上告趣意書第二点は、原判決わ押収の懐中電燈わ之を没収すると宣言しその理由として「懐中電燈二個わ右犯罪行為に供したもので犯人以外の者に属しないから同法(刑法)第十九条に則り之を没収すること」とする旨を説示せられた。しかるに判示懐中電燈わ被告人橋本正輝が携えてゐたことわ証拠上之を認めることが出来るとしても其の所有権が彼に属し他人の所有でなかつたことわ原判決の説示を以てしてわ之を認めることわ不可能である。しからば附加刑である没収について証拠に基かずして没収の刑を被告人に言渡されたことになりこの点に於いても原判決は破毀を免れないと思料すると云ふのである。

然かし記録を精査しても所論没収物件が犯人以外の者に属するのではないかとの疑を起させる様な事情も証拠も全然見当らない、かくの如く特別の事情も反証も存在しない限り原判示の様な事実が認定出来る場合に於ては一応犯人以外の者に属しないものと認めて没収をするのは相当だから原判決に所論の様な違法はなく論旨は採用出来ない」（最判昭二三・一一・一八一四刑集二・一二・一）。

(五) 最後に、第三者所有物の没収がなされた場合、右第三者でない被告人において、その違憲を主張して上訴することが許されるかという問題がある。すなわち、違憲訴訟における当事者適格の問題である。判例は、当初この問題を明確に意識しなかつたのか、旧関税法八三条一項の憲法二九条違反の問題が争われたとき、この点につき何らの判断も示すことなく、直ちに実体について判断を下し

たのであつた（前掲【89】）。しかし、その後昭和三五年一〇月一九日の最高裁大法廷判決は、この問題を取り上げ、八対七の少差をもつて、これを消極に解した。

【111】「所論は原判決が旧関税法（明治三二年法律六一号）八三条一項に基づき犯人以外の者の所有物件を没収したのは憲法三一条に違反するというのであつて、要するに訴訟外の第三者の所有権を対象として、違憲を主張しているのである。

しかし、訴訟において、他人の権利に容喙干渉し、これが救済を求めるが如きは、本来許されない筋合のものと解するを相当とするが故に、本件没収の如き事項についても、他人の所有権を対象として基本的人権の侵害がありとし、憲法上無効である旨論議抗争することは許されないものと解すべきである。されば、本件没収について所論違憲のかどありとする論旨は結局理由なく、採用のかぎりではない」（刑集一四・一二・一五七四）。

右の多数意見に対して、入江、河村（大）、奥野の三裁判官が略々同旨の反対意見を明らかにされているが、ここには、入江裁判官の意見のみを掲げておく。

〔入江意見〕「そもそも、没収がその本質において刑罰であるか、保安処分であるかはしばらくおき（わたくしは、すくなくとも第三者没収は、その第三者に対する関係においては、刑罰ではなく保安処分であると解するけれども）、現行法制の下においては、主刑に対する附加刑とせられていることは刑法九条の明示するところであり、従つて有罪の言渡がなされる場合に限り、且つその言渡される刑（主刑）に附随してのみ言渡され、没収のみ独立に言渡すことは認められていない。即ち没収は、主刑を科せらるべき犯罪行為が存在する場合、その犯罪行為と関連ある物は、一定の範囲および条件の下に何人に対してもその所有権を認めないこととする趣旨において主刑に附加して、被告人に対し言渡されるのであつて、結局、国家は、主刑を科せられる被告人に対し、「主刑プラス没収」の言渡をするのであり、被告人に対する裁判である点においては、その没収が当該被告人の所有物に対するものであると、第三者の所有物に対するものであるとによつて区別はないと考える。しからば、被告人が第三者没収を言渡した裁判に違憲、違法ありと考えた場合には、自己に対する裁判に不服ありとしてこれを上訴によつて争いうると考える。また、所有権に及ぼす効果のみに着眼すれば、第三者没収は主刑を科せられる被告人には直接には影響はないであろう。しかし、被告人は没収に係る物の占有権を剝奪され、またはこれを使用、収益をなし得ない状態に置かれることとなる点からいえば、被告人の財産権は当然影響をうけることとなり、また被告人は、所有権を失うに至る第三者から、賠償請求等の求償権の行使を受ける危険に曝されることは否定し得ないのであるから、この点からいつても被告人の財産上の権利、利益に影響ありとして、上訴をなしうることは当然であろう。

このような考え方に対しては、第三者没収は、形式的には主刑に附加して被告人に対し言渡されるけれども、実質的には第三者に対する保安処分以外の何ものでもなく、被告人に対する主刑の言渡とは無関係であるという者があるかもしれない。しかし、それならば第三者没収に関し、例えばドイツ刑事訴訟法四三一条二項、三項のごとく、その第三者を当然その訴訟手続に参加せしめ被告人に準じて訴訟上の権限行使をなさしめるというような規定を置くとか、或いは第三者没収を主刑に対する附加刑とせず、独立に言渡すというような規定を置く等、格別の考慮が払われなければならない。そのようなことのない現行法制の下においては、第三者没収の言渡は被告人に対する関係においても主刑と不可分の一体として観念すべきものであると考える。」

右の入江意見もいうように、第三者所有物没収の判決といえども、被告人に対する附加刑として言渡されるものである以上、被告人に上訴の利益を認むべきであるとする異論が生ずるのは当然である。果してその後昭和三七年一一月二八日の最高裁大法廷判決において、右の多数意見の見解は覆えされるに至った。

【112】（前掲【91】の判示に続けて）「そして、かかる没収の言渡を受けた被告人は、たとえ第三者の所有物に関する場合であつても、被告人に対する附加刑である以上、没収の裁判の違憲を理由として上告をなしうることは、当然である。のみならず、被告人としても没収に係る物の占有権を剝奪され、またはこれが使用、収益をなしえない状態におかれ、更には所有権を剝奪された第三者から賠償請求権等を行使される危険に曝される等、利害関係を有することが明らかであるから、上告によりこれが救済を求めることができるものと解すべきである。これと矛盾する昭和二八年（あ）第三〇二六号、同二九年（あ）第三六五五号、各同三五年一〇月一九日当裁判所大法廷言渡の判例は、これを変更するを相当と認める」（前掲【91】【88】と同一判決）。

六　特別規定による没収・追徴

「特別法ハ一般法ヲ排除ス」との法諺のとおり、没収・追徴についても特別規定の適用がある場合は、刑法一九条・一九条ノ二の適用はないのが原則である。しかし、これら特別規定の適用がある場合であつても、刑法の没収・追徴規定は、特別規定と牴触又は重複しない限りにおいて、なおその適用がある。従つて、刑法一九条、一九条ノ二の要件は備えていても、特別規定による没収・追徴の要件までは充していないというような場合には、刑法の一般規定による裁量的没収を為し得ることに留意しなければならない（前掲八頁、【2】【3】【56】【75】等）。本項においては、主要な没収・追徴の特別規定についての判例を概観することとする。

一　刑法一九七条ノ五

（一）　本条は、昭和一六年の刑法一部改正により新設された規定（昭和三三年法律第一〇七号により斡旋収賄罪が新設されるまでは、同条ノ四であった）であるが、その母体となつたものは、右改正前の刑法一九七条二項であり、次のように規定されていた。

「前項ノ場合ニ於テ収受シタル賄賂ハ之ヲ没収ス若シ其全部又ハ一部ヲ没収スルコト能ハサルトキハ其価額ヲ追徴ス」

本条は、犯人または知情第三者（昭和一六年に新設された一九七条ノ二参照）の収受した賄賂はこれを没収し、その全部または一部を没収できないときには、その価額を追徴すべき旨規定しており、刑法典中没収・追徴に関する唯一の特別規定である。その本来の立法趣旨は、いうまでもなく収賄者から不正の利益を剝奪せんとするにあつた。しかし、判例が返還された賄賂は本条によつて贈賄者から没収すると解するに及び、本条は更に贈賄者をして犯罪に係る利益を回復せしめないようにする趣旨をも含むものと理解されるようになつた（後掲【117】）。賄賂が返還された場合もなお収賄者から追徴すべしとする解釈が妥当でないことはいうまでもないが、さりとて、本条の趣旨を判例のように拡張して理解することにも、疑問がないわけではない。返還を受けた贈賄者からの没収・追徴は、本条ではなく、刑法一九条、一九条ノ二によるべしとする解釈（例えば、団藤重光・刑法各論九六頁）にも、傾聴すべき点が多いものといわなければならない。

既に触れたように、賄賂罪においても、刑法一九条、一九条ノ二の補充的な適用を妨げない。提供されたが収受を拒まれた賄賂のごときは、犯罪組成物件として一九条一項一号により没収することができ（前掲【3】の最判）、また、金員の貸与を受けて賄賂を収受した場合、右金員そのものは賄賂でないから、これを本条によって没収・追徴することはできないが、これを犯罪行為によって得た物として一九条一項三号、一九条ノ二により没収・追徴することはできる（前掲【56】【57】）。

職務行為に対する謝礼と、職務外の行為に対する謝礼とが不可分的に包括して提供された場合には、賄賂たるの不法性がその全体に及ぶものであるから、その全部につき没収・追徴を科すべきである。

【113】「原判決の確定したところによると、被告人は岡山刑務所医務課長買収の請託の下にその謝礼並びに被告人が斎藤の接見等について寛大便宜の処置を採ったことに対する謝礼として、細田智恵子が提供した現金五千円のうち金三千円をその趣旨を知りながら受取ったというのであって、被告人が斎藤の接見等について寛大便宜の処置を採ったことに対する謝礼の趣旨において金員を受取ることは被告人の職務に関するものであることは容疑の余地のないところである。そして右金三千円は右の趣旨と共に医務課長買収の請託の趣旨とに対し不可分的に包括して提供されたものに外ならないと認められる。かくの如く職務行為に対する謝礼と職務外の行為に対する謝礼と不可分的に包括して提供された金員を、公務員がその事実を知りながら之を収受した場合には、その金員全部は包括して不可分的に賄賂性を帯ぶるものであるから、原判決が被告人の右犯行を公務員としてその職務に関し賄賂を収受したものであるとしたことは正当である」（最判昭二三・一〇・二三刑集二・一一・一三八六）。

【114】「公務員ニ対スル金円ノ贈与ガ職務上ノ謝礼ト職務外ノ謝礼トヲ兼ネ、之ヲ分別スルコトヲ得ザルトキハ、其ノ全部ニ付賄賂ノ性質ヲ具有スルモノト認ムベキヲ以テ、結局原判決ハ所論ノ如キ理由ニ齟齬アリト為スヲ得ザルノミナラズ、全部ニ付賄賂ノ性質ヲ具有スル以上原判決ガ其ノ全部ノ賄賂トシテ其ノ価額ヲ追徴シタルハ正当ナリ」（大判昭三・五・二四刑集七・三八九）。

(二)　収賄者が、一旦収受した賄賂を贈賄者に返還した場合は、何人から没収・追徴すべきか。判例は、古くはかかる場合も収賄者から没収・追徴すべきであるとした。

【115】「賄賂ノ没収及追徴ハ、共ニ収賄罪ニ対スル附加刑ナルヲ以テ、一旦収賄罪ノ成立シタル以上ハ、其後ニ至リ賄賂ヲ被害者ニ返還スルモ之レガ追徴ヲ免ガレ得ベキモノニアラズ」(大判明四五・五・六刑録一八・五七〇)。

【116】「贈賄者ト収賄者トハ必要的共犯ノ地位ニ立ツベキモノナルコトハ、本院ノ嘗テ判示シタル所ナルコト洵ニ所論ノ如クナルモ、开ハ賄賂罪ノ構成ニ関スル法理上ノ観察ニ属スルモノニシテ、之ガ目的物タル賄賂ノ没収ニハ何等ノ関係ナシ。何トナレバ、没収ハ収賄罪ノミニ対スル一ノ附加刑ニシテ、刑法ハ贈賄者ニ対シテハ右附加刑ヲ科スル規定ヲ設ケザレバナリ。左レバ本件ノ如キ場合ニ於テハ、縦シ収賄者タル被告ニ於テ其収賄シタル金円ヲ贈賄者ニ返還シタル事実アリトスルモ、法的観察上右被告ノ行為ハ単純費消行為ト同一視スベキモノニシテ、判示ノ場合ハ、即チ刑法第百九十七条第二項ニ所謂賄賂ノ全部ヲ没収スル能ハザル場合ニ相当スルモノニ外ナラザレバ、原審ガ被告ニ対シ右全部ノ追徴ヲ命ジタルハ相当ナリ」(大判大三・一〇・一五刑録二〇・一八六一)。

旧一九七条二項の文言解釈からすれば、右のような判例の解釈もあながち理由なしとはいえないであろう。しかし、かような解釈は、犯人から不正の利益を剝奪せんとする本条の立法趣旨を考えると、あまりにも形式的で、且つ収賄者に苛酷に過ぎるという非難を免れなかつた。やがて大審院もその見解を改め、かような場合は本条によつて返還を受けた贈賄者から没収・追徴する旨判示するに至り、最高裁もこれを踏襲して今日に及んでいる。なお、この点については前出八七頁を参照されたい。

【117】「賄賂ハ其ノ一般ノ性質上贈賄者ノ方面ヨリ観察スレバ犯罪行為ヲ組成スル物ニ当リ、収賄者ノ方

面ヨリ観察スレバ犯罪行為ニ因リテ得タル物ニ当ルコト疑ヲ容レザル所ニシテ、苟モ賄賂ノ授受アリタル場合ニハ贈賄者ト収賄者トハ共犯関係ヲ有スルモノナルガ故ニ、賄賂ノ目的物ガ贈賄者及収賄者以外ノ者ニ属セザル限リハ刑法第十九条ニ依リ贈賄者又ハ収賄者ノ孰レカ現ニ之ヲ占有スル者ヨリ之ヲ没収スルヲ得ベキモノナリト雖、同法第百九十七条第二項ニ於テハ、賄賂に就キ没収ハ必ズ之ヲ附加スルコトヲ要シ、若シ没収スルコト能ハザルトキハ其ノ価格ヲ追徴スベキコトヲ規定シ、没収若クハ追徴ニ関シ裁判官ノ自由裁量ニ委セザル点ニ於テ特例ヲ設ケタルガ故ニ、右第十九条ノ規定ハ此ノ範囲ニ於テ之ヲ賄賂ニ適用スベキモノニ非ズ。而シテ法ノ精神ハ、一旦授受セラレタル賄賂ノ目的物又ハ其ノ価額ハ常ニ之ヲ国庫ニ帰属セシメ、収賄者又ハ贈賄者ヲシテ犯罪ニ関スル利益ヲ保持シ又ハ回復セシメザルヲ目的トスルコト明白ナルガ故ニ、斯ル賄賂ニ付テハ此ノ特別ノ規定ヲ適用シ、其ノ目的物ニシテ収賄者ノ手ニ在ルトキハ収賄者ヨリ之ヲ没収シ、若シ贈賄者ニ返還セラレタルトキハ贈賄者ヨリ之ヲ没収スベク、没収ヲ科セラルベキ者ヨリ之ヲ没収スルコト能ハザルトキハ、其ノ者ヨリ其ノ価額ヲ追徴スルヲ要スルコト当然ナリトス。若夫収賄者ガ其ノ一旦収受シタル賄賂ヲ贈賄者ニ返還シタルニ拘ラズ、猶不法ノ受益者トシテ之ニ追徴ヲ命ジ、贈賄者ヲ不問ニ付スルガ如キハ、収賄者ニ対シテ苛酷ニ失スルノミナラズ、贈賄者ヲシテ不法ノ利益ヲ回復享受セシムルモノニシテ、法ノ精神ニ背馳スルモノト謂ハザルベカラズ。但シ右第百九十七条第二項ノ規定ハ、公務員又ハ仲裁人ガ現ニ賄賂ヲ収受シタル場合ニ関スルモノナルガ故ニ、収賄者ニ対シテノミ適用セラルベキモノニシテ、贈賄者ニ対シテ適用セラルベキモノニ非ザルノ観ナキニ非ズト雖、此ノ規定ハ同第一項ノ場合ニ於ケル要求又ハ約束ノ目的物ト既ニ収受シタル賄賂トヲ区別シ、此ノ授受セラレタル利益ハ絶対的ニ之ヲ国庫ニ帰属セシムルコトヲ主旨トスルノミナラズ、其ノ物ガ贈賄者ノ手ニ返還セラルルモ猶収受シタル賄賂タル性質ヲ変ズルモノニ非ザルガ故ニ、此ノ場合ニハ叙上説明ノ如ク右規定ヲ贈賄者ニ適用スルヲ以テ寧ロ法ノ精神ニ合致スルモノト為スノ適切ナルニ若カザルナリ。故ニ原判決ニ於テ被告ガ一旦収受シタル賄賂ヲ贈賄者ニ返還シタル事実ヲ認メタルニ拘ラズ、被告ニ対シ追徴ノ言渡ヲ為シタルハ失当ニシテ論旨ハ理由アリ」

（大判大一一・四・二二刑集一・二九六）。

【118】「賄賂トシテ収受シタル物件ガ収賄者ノ手ニ在ルトキハ之ヲ収賄者ヨリ没収シ、該物件ガ贈賄者ニ返還セラレタルトキハ贈賄者ヨリ没収スベキモノナルコト及右物件ガ金銭ニシテ収賄者又ハ贈賄者ノ手ニ在ル際其ノ者ノ所持スル金銭ト混同シテ判明スルコト能ハザルニ至リタルトキハ、没収スルコト能ハザルニ至リタルモノトシテ其ノ価額ヲ追徴スベキモノナルコトハ、夙ニ本院判例ノ存スル所ニシテ、今之ガ変更ヲ為スノ要ヲ見ズ。而シテ右追徴ヲ為ス場合何人ヨリ之ヲ為スベキヤニ付テハ、右金銭ガ没収スルコト能ハザルニ至リタルトキ、即チ他ノ金銭ト混同シテ判明スルコト能ハザルニ至リタル時期ニ於テ、該金銭ヲ所持セル者ヨリ追徴スベキモノニシテ、従テ該金銭ガ収賄者ノ手ニ在リテ他ノ金銭ト混同セル場合ニハ収賄者ヨリ其ノ金額ヲ追徴スベク、若シ又贈賄者ガ返還ヲ受ケ所持セル際他ノ金銭ト混同セル場合ニハ贈賄者ヨリ其ノ金額ヲ追徴スベキモノナリトス。蓋シ没収ハ賄賂ノ目的物ヲ所持セル者ニ対シ之ヲ科シ、追徴ハ賄賂ノ目的物ヲ没収スルコト能ハザル場合ニ於テ之ヲ科スベキモノナルガ故ニ、賄賂ノ目的物ヲ没収スルコト能ハザル状態ニ至リタル当時ヲ標準トシ、其当時ニ於テ右目的物ヲ所持セル者ヨリ之ガ価格ヲ追徴スベキモノナレバナリ」（大判昭一九・九・二九刑集二三・一九九）。

【119】「所論刑法一九七条の四の規定は没収又は追徴の対象範囲を定めた規定であつて、何人について之を言渡すかの点についてまで規定したものではないと解するを相当とし、本件のように、収受された賄賂が贈賄者に返還せられ贈賄者においてこれを費消した場合に、右の規定によつて贈賄者よりその額を追徴することを不当とすべき理由はない」（最決昭二九・七・五刑集八・七・一〇三五）。

かように判例は、賄賂そのものが返還された場合には、実質的な見地から没収・追徴を科すべき者を決定しようとするが、これに反し、収賄者が賄賂たる金員を費消または預金等して、その特定性を失わしめた後に、それと同一額を返還した場合については、収賄者からこれを追徴すべきものとする。

【120】「仮ニ所論ノ如ク被告人大川与之助ガ収受シタル金五十円ヲ一旦費消シタル後、其ノ金額ヲ贈賄者ニ返還シタリトスルモ、既ニ同被告人ニ於テ一旦之ヲ費消シタル以上、其ノ受ケタル利益ハ既ニ没収シ能ハザルモノナルヲ以テ、縦シ後日其ノ受ケタル利益ノ価格五十円ヲ贈賄者ニ返還シタリトスルモ、該利益ニ対スル価格ヲ追徴スルニ何等ノ妨トナルコトナシ（論旨ニ引用セル当院判例ハ、賄賂トシテ収受セラレタル物其ノモノガ贈賄者ニ返還セラレタルトキハ贈賄者ヨリ之ヲ没収シ、又贈賄者ガ既ニ之ヲ費消シ没収スルコト能ハザルトキハ贈賄者ヨリ其ノ価額ヲ追徴スル旨ノ判旨ニシテ、本件所論ノ如キ場合ニ適切ナラズ）」（大判昭五・一二・四刑集九・三七）。

【121】「原判決は、所論昭和二二年一一月二八日頃収受した本件賄賂は既に被告人において費消した旨判示しており、そして、同年一二月中被告人がこれを飲食費等に消費した事実は記録上明白である。従つて被告人はその賄賂を費消すると共にその利益を享受し終り最早これを没収することができなくなつたものといわなければならない。されば、被告人がその後約一箇年を経た同二三年一二月二〇日頃同額の金円を贈賄者に返還したとしても、その返還は賄賂そのものの返還ではないから、収賄者において既に享受した利益を国庫から追徴される責を免れることは許されないものといわねばならぬ。所論判例は賄賂そのものが贈賄者に返還され、従つて国庫がこれを贈賄者から没収又は追徴し得る案件に関し、本件には適切でない」（最判昭二四・一二・一五刑集三・一二・二〇二三、同旨、最決昭三一・二・三刑集一〇・二・一五三）。

【122】「論旨第四点は判例違反を主張するけれども、所論掲記の判例は、収受した金員を費消した後これと同額の金員を贈賄者に返還した場合に関するもので本件に適切ではない。本件被告人が収受した金員を一部費消し他の部分を金融機関に預金した場合につき、右賄賂金員そのものはもはや没収することができないものとして追徴すべきものとした原判示は正当である。蓋し、金銭の性質上特定していることが明らかでな

い限り没収することができない場合に該当するものとしてその価額を追徴すべきものであること当裁判所の判例（前掲【9】の判例）の趣旨とするところである。それ故所論は理由がない」（最判昭三二・一二・二〇刑集一一・一四・三三三一）。

右【122】の事案における上告論旨の大要は、「原判決が、被告人において一旦賄賂金員を収受し、その一部を費消し、他の部分を将来の子供の学資に充てる目的で金融機関に預金した以上は、その後に同額の金員を返還したとしても、既に享受し終つた右利益の追徴を免れないものと判示したのは、前掲【120】【121】の判例に違反するものである、すなわち、これら判例は、収賄者が収賄金を金融機関等に預金した場合は、収賄者がその利益を費消した場合とは別個に認める趣旨のものと解される、費消と預金とは同一ではない、費消による利益は自己から離脱するが、預金によつては利益は自己から離脱しない、原審がこれを同一視したのは預金観念の認識に欠けるものである」、というのであつた。この上告論旨の主張と略々その軌を一にするものに、次の下級審判例がある。

【123】「被告人堀専治（編註、収賄者）が大阪銀行横浜支店から払い戻して被告人横川直忠（編註、贈賄者）に返還した現金四万円については、銀行に預金してから旬日を経ずして払い戻しを受けたものであり、且つ被告人堀専治において、自分が預金した右収賄金の中から払い戻しを受ける意図であつたことが窺われるが、このような場合には、たとえ一時銀行に預金した事実があつたとしても、社会通念上その収賄金たるの性質に影響を及ぼすものではないと解するのが相当であるから、この分についても、亦当然被告人横川直忠から追徴又は没収すべきものであつて、被告人堀専治はその責を免れるものといわなければならない」（東京高判昭二七・三・一七特二九・八五）。

また次の下級審判例は、収賄者が収賄金を一旦費消した後に同額の金員を返還した事案について、従来の判例傾向と全く相反する判断を示している。

【124】「斯る場合従来の例に依ると刑法第百九十七条ノ四の解釈に於て、仮令収賄したと同額の現金を贈賄者に返還するも、収受した現金其の物に非ざる限り「没収シ能ハザル場合」として別に追徴すべきものと解したのであつた。

然れど金銭其の物の個性を強調することは、取引界の通念並びに金銭其の物の高度の融通性に照しナンセンスであり、且つ収受現金が所持金と混同した場合の事を考え合せて来ると、之と何等の逕庭もないことで、飽迄も金銭の個性を追求することは無意味である。

又此の場合追徴すべきものと解するに於ては、収賄者は二重の出損を余儀なくされる反面、返還を受けた贈賄者は之を没収せられず、却而収賄者の損失に於て利得する結果となる。（中略）

右の如き不合理は、一に金銭の個性を追究せんとする解釈家の無用なる潔癖過多症に在る。

因つて当裁判所は、収賄の現金は、消費された後に於ても贈賄者に返還あれば、目的物の不法性は猶依然として継続し、何人にも之を帰属させるべきでないとする立法の精神から、返還を受けた贈賄者から追徴すれば足るものと理解する」（神戸地尼崎支判昭二八・五・二九判時七・一八）。

しかし、従来からの判例傾向を、右【124】の判例がいうように「無用なる潔癖過多症」に基因するものと、一概に否定し去ることは妥当でない。かかる判例の態度は、根本的には対物処分たる没収の本質の認識に根ざしているものと理解することができる。なるほど【124】の判例が指摘するように、収受金を自己の所持金と混和して識別不能にした直後、同額の金員を返還したような場合を想定すると、これを費消した場合と同一視し、もはや利益を享受し終つたものとして、かかる場合も収賄者から追徴すべきものとすることは、実質的な見地からみる限り、不当のそしりを免れないであろう。しかし、それにも拘らず「物そのもの」を対象とする没収の本質を無視することは許さるべきではない。しかしてまた、没収の転化処分としての追徴は、没収を不能ならしめた時点を標準として、そのときに目的物を所持していたものに対して科せらるべきものとする原則（【118】の判例参照）は、かかる例外的な場合にもまもられなければならない。なお【123】の事案のように、たとえ旬日を経ない短期間の預金であつても、場合によつては、収賄者に莫大な経済的利益を与えることもないわけではない。いわんや【124】の判旨のように、同額の金員を返還しさえすれば、収賄者の得た利益が消滅してしまうかのように考えることは、正に「取引界の通念」に反する皮相の見解といわなければなるまい。すなわち、これらの判例の見解には、実質的な見地からみても疑問の点が少くないのである。

(三)　数人が共同して収賄した場合の没収・追徴についても、判例の変遷が見受けられる。すなわち、判例は、当初、共犯各自の分配額の如何に拘らず、これを平等に分割して追徴すべき旨判示した（大判明四二・一〇・一五刑録一五・一二〇三、明四四・六・一三刑録一七・一一四一等）。しかし、その後前掲【117】の判例の趣旨に従つてその見解を改め、共犯者各自の分配額に応じて追徴すべきものとするに至つた。

【125】「仍テ案ズルニ、数人共同シテ賄賂ヲ収受シタル場合ニ於テ、其ノ費消シタル賄賂ヲ追徴スルニハ、共犯人間ノ分配額ノ如何ニ拘ラズ之ヲ平等ニ分割シテ追徴スベキモノナルコト、曽テ本院判例ノ存セルトコロナリト雖、其ノ見解ニ依ルトキハ多額ノ分配ヲ受ケタル者ヲシテ不正ノ利益ヲ保持セシメ、少額ノ分配ヲ受ケタル者ヲシテ過度ノ負担ヲ為サシムルガ如キ不公平ナル結果ヲ生ズルガ故ニ、追徴ハ共犯者各自ノ分配額ニ従テ之ヲ行フヲ適当ナリトス。而シテ此ノ趣旨ハ、既ニ所論引用ノ本院大正十年（れ）第一六二四号刑事聯合部判決（編註、前掲【117】の判決）並同十一年（れ）第一九三八号判決ニ於テ承認スルトコロナルヲ以

テ、従前ノ判例ハ爾来此ノ意味ニ於テ変更セラレタルモノト認メザルベカラズ。従テ共同収賄ノ事件ニ付テハ、分配ノ有無並ニ分配額ヲ判示シテ、追徴額ノ基本ヲ明ニスルヲ以テ適当ナリトス。然レドモ共同収受ニ係ル目的物ハ、特ニ反対事実ノ徴スベキモノアラザル限リ共犯者ノ共有ニ属シ、各自ノ分配額ハ平等ナリト認ムベキコト社会通念上当然ノ判断ニ属スルガ故ニ、賄賂ガ平等ニ分配セラレタル場合ニ於テ特ニ之ヲ明示スルコトナキモ、分配額不明ナリト為スヲ得ズ。加之分配ノ有無並ニ分配額ノ多寡ハ罪ト為ルベキ事実ニ属セザルガ故ニ、判文上之ヲ明示セザルモ違法ナリト為スニ足ラズ」（大判昭九・七・一六刑集一三・九七二）。

ただ、各自の分配額が明らかでないような場合においては、平等に分割して追徴せざるを得ない。

【126】「ところで、数人が共謀して収受した賄賂の没収又は追徴については、各自が現に享受した利益に従つてこれを行うことが相当であることは論旨の指摘するとおりであるが、このことは各自が現に享受した利益が分明しているときにはじめてなし得ることであるから、それが分明しない場合には、平等に分割してこれを各自に負担させることとするほかはないものと解さざるを得ない」（東京高判昭二七・七・一三特三四・一〇〇）。

このことは右【125】の判例も判示しているとおりである。

ただし、かなり特殊な事案について、次のような判例もある。

【127】「職権をもつて、原審の追徴の当否について考察するに、刑法第百九十七条の四により、犯人が収受した賄賂を没収することができないときはその価額を追徴すべきことを定めており、原審は被告人と原審相被告人飯沼忠、原政一、細川幸七の収受した賄賂につきその各人の収受した金額が明瞭でないから各平等の割合で追徴するのが相当であると説明し、被告人から金八十六万八千七百五十四円を追徴しているのであるが、検察官に対する飯沼忠、原政一、細川幸七及び被告人の各供述調書によれば、被告人等が関谷堅太郎又は三村貞男から収受した原判示各金員は、被告人において別途会計として保管していたのであるが、これを支出する場合の責任者は所長である飯沼忠又は原政一であり、被告人は金員支出の場合の会計的事務を執

つたに過ぎないのであるから、所長である同人等から賄賂の価額を追徴するのは格別、被告人から追徴すべきではない。けだし、本件のような収受した賄賂の使途が共犯者各人の純然たる個人的用途ではなく、旅費手当慰安費の如く、職員全体のために用いられ、又は接待費の如く事務所としての社交的儀礼のため用いられた場合は、支出の責任者から賄賂の価額を追徴すべきものと解するのを相当とする」（仙台高秋田支判昭二八・一二・二二特三五・一〇一）。

一人が数人分の賄賂を収受してこれを分配した場合も、事実上受益した範囲において追徴を科すべきである。

【128】「収賄者ガ其ノ職務上ノ行為ニ対スル報酬ヲ受クルニ際シ、同時ニ職務外ノ行為ニ関スル費用等ヲ合セ、之ヲ包括シテ不可分的ニ財物ヲ収受シタル後、其ノ収受ノ趣旨ニ基キ其ノ財物中可分ナル一定ノ額ヲ分割シテ他ノ公務員ニ贈賄シ、其ノ公務員ヨリ之ガ没収又ハ追徴ヲ為ス場合ニ在リテハ、当初ノ収賄ハ縦シ不可分的ノ関係アルノ故ヲ以テ収受セル財物全部ニ付キ犯罪成立スルモノトスルモ、之ガ没収若ハ追徴ハ贈賄ヲ為シタル残額ニ止ムベキモノト断定セザルベカラズ。何トナレバ、刑法第百九十七条第二項末段追徴ノ規定ハ、畢竟其ノ前段没収ノ規定ト相伴フテ収賄者ヲシテ其ノ受ケタル不法ノ利益ヲ保持スルコト能ハザラシムガ為メノ規定タルヲ以テ、犯罪成立当時ニ於ケル利益ノ一部ハ犯人ニ於テ之ヲ保持セズシテ、而モ此ノ部分ハ他人ニ贈賄シタルガ為メ収賄者ヨリ之ヲ没収追徴スルコトトナリタル以上ハ、当初授受セラレタル賄賂ハ茲ニ全部国庫ニ没収追徴セラレタル筋合ナルヲ以テ、犯罪成立ノ時ヲ標準トシ、収賄者ヲシテ其ノ収受シタル賄賂ノ全部ヲ返還セシメ、二重ニ没収追徴ヲ命ズルノ必要ナケレバナリ」（大判大一二・二・六刑集二・八七）。

【129】「多数の者に対して一定金額の賄賂が贈られ、その一人がこれを収受して、その一部を自己のために、その余を贈与を受けた他の者のためにそれぞれこれを費消した場合、該賄賂を現実に収受した一人の者に対し、基の全額の追徴を命ずべきでなく、その者が事実上受益した範囲に於て、その追徴を為すべきであ

ると解するところ、云々」（名古屋高金沢支判昭三四・三・三一下級刑集一・三・五七一）。

（四）　本条の追徴は、本来没収可能なものが没収できなくなつた場合にのみ行なわれるものではなく、性質上没収不可能な場合にもその価格を追徴する趣旨である（【130】）。そして追徴の価額は、賄賂の授受があつたときの時価による（【131】）。

【130】　「刑法第百九十七条第二項後段ハ、本来没収スルコトヲ得ベクシテ然モ或事由ニ依リ没収スルコト能ハザル場合ニ限リ其価格ヲ追徴スベキコトヲ規定シタルニアラズ。性質上没収シ得ベカラザルガ為メ没収ノ不可能ナル場合ニ於テモ其価格ヲ追徴スルノ趣旨ナルヲ以テ、饗応ノ際直ニ費消セラルル酒食ノ如キ之ヲ没収スルコトヲ得ザルモノニ付テモ、同条後段ニ依リ其価格ヲ追徴スベキモノトス」（大判大四・六・二刑録二一・七二二）。

【131】　「授受セラレタル賄賂ノ目的物ヲ没収スルコト能ハザルトキハ其ノ価格ヲ追徴スルハ、収賄者又ハ贈賄者ヲシテ犯罪ニ関スル利益ヲ保持シ又ハ回復セシメザルヲ目的トナスコトハ、当院判例ノ示ス所ナリ。而シテ賄賂ノ授受ニ依リ収賄者ハ利益ヲ享受スルヲ以テ、賄賂ノ価額ヲ追徴スベキ場合ニハ、其ノ価額ハ賄賂ノ授受アリタル当時ノ価額ニ依ルモノト解スルヲ相当トス」（大判昭四・一一・八刑集八・六〇一）。

収賄金が自己の所持金と混同して判別不能となつたときは、没収できない状態になつたものというべきである。この理は、収賄金を預金した場合についても同様である（前掲【122】の最判）。

【132】　「賄賂トシテ収受シタル金銭ヲ自己ノ所持セル金銭ト混同シテ判別不能ニ至ラシメタルハ、之ヲ費消シタルモノト同ジカラザルハ勿論ナレドモ、判別不能ナルニ於テハ収賄金其物ハ没収スル能ハザルニ至リタルモノニ外ナラズ。故ニ原判決ニ於テ追徴ノ言渡ヲ為シタルハ至当ナリ」（大判明四五・五・六刑録一八・五六六）。

饗応の費用の追徴について、古い判例の中には饗応者の費用を含めた全部を追徴すべきものとしたものも存する（【133】）。しかし近時の判例は、収賄者に要した費用部分のみを追徴すべきものと判示する（【134】）。前掲【117】【125】の判例の趣旨からすれば、費用の区別が可能なときはこれを区別し、それができないときには平等分割して追徴額を定むべきであろう。なお【135】の判例は、相当額を超えない茶代、祝儀等は饗応費用に含まれるものとする。

【133】「普通ノ意義ニ於テ饗応トハ、酒食ヲ供ヘ他人ヲ優遇款待スル謂ナレバ、饗応ノ費用ハ賓客ニ供与シタル酒食ノ価額ノミナラズ、之ガ接待ノ任ニ当レル主人ノ採レル酒食ノ価額ヲモ包含スベク、而シテ賄賂ノ目的ヲ以テ人ヲ饗応スル場合ニ於テ、収賄者ノ利益ハ惟リ自ラ口腹ニ充テタル酒食ニ止ラズ、其款待ニ因ル精神的満足ヲモ含ムベケレバ、総テ其饗応ニ要シタル費用ヲ以テ賄賂ノ価額ト認ムルヲ相当トス」（大判大元・一二・五刑録一八・一四七三）。

【134】「被告泰造ハ自己ノ管掌事務ニ関シ饗応ヲ受ケタルモノナレドモ、被告喜万治ハ毫モ其職務ニ関スルモノニ非ズ。唯泰造ノ収賄行為ニ加功シタルノ故ヲ以テ、刑法第六十五条第一項ノ規定ニ依リ其刑事上ノ責任ヲ免ガレザルノミ。而シテ森田愿ハ贈賄者西山謹之助ノ依頼ニ依リ被告等ヲ饗応シタルニ過ギザルヲ以テ、本件収賄ノ金額ヲ判定シ延テ其価格ノ追徴ヲ命ゼントスルニハ、収賄者浅野泰造ノ受ケタル飲食遊興費ノ幾何ナリヤ、即チ右三人ノ飲食遊興費総額中ヨリ加功者吉永喜万治及贈賄者側ノ地位ニ在ル森田愿ノ両名ニ関スル分ヲ控除シタルモノヲ以テ、本件賄賂ノ価格ヲ算定セザル可カラズ」（大判大四・三・一三刑録二一・二九八）。

【135】「而シテ賄賂ノ目的ヲ以テ人ニ酒食ヲ供シ之ヲ優遇歓待シ以テ饗応ヲ為ス場合ニ於テハ、収賄者ノ利益ハ単ニ自ラ口腹ニ充テタル酒食ニ止マラズ、其ノ歓待ニ因ル精神的満足ヲモ包含スルモノナルヲ以テ、其ノ饗応ノ為ニ要シタル総テノ費用ハ即チ賄賂ノ価額ト云ハザルベカラザルハ固ヨリ当然ナリ。而モ料理店等ニ於ケル飲食遊興ニ際シテハ、其ノ費用支払ノ外其ノ営業主若ハ使用人ニ対シ、茶代、祝儀又ハ心附等ノ名目ノ下ニ相当ノ金員ヲ贈与スルコトアルハ、吾人ノ日常生活一般慣例トシテ認メラルル所ナリ。従テ此等

茶代、祝儀又ハ心附トシテ贈与セラルル金額ニシテ相当額ヲ超エザル以上、之レ亦饗応ノ為ニ要シタル費用ト認ムルヲ相当トス。然レバ原判決ガ収賄者ニ供与シタル酒食ノ代価ノミナラズ、其ノ他ノ接待費用トシテ相当額ヲ超エタルモノトハ認メ難キ叙上女中心附トシテノ十六円及鈴木館主ニ対スル茶代若ハ祝儀トシテノ一円四十銭モ亦収賄者ニ対スル饗応ニ要シタルモノトシテ、右全部ノ金額合計二百二十六円ヲ以テ所論被告人等ノ収受シタル賄賂ノ価額ナリト認定シ、各所論ノ如キ追徴ヲ言渡シタルハ正当ニシテ、毫モ違法アルコトナク、云々」（大判昭八・一二・八 刑集一二・二二五三）。

（五）　刑法一九七条ノ二の第三者収賄罪において、第三者たる法人の代表者が賄賂たる情を知りながらこれを法人のために受取つたときは、その法人は本条の知情第三者にあたり、法人から右賄賂を没収・追徴できるとする判例がある。

【136】　「刑法一九七条ノ二に規定する第三者に法人を含むと解する以上同法一九七条ノ四の規定による没収又は追徴は法人に対してもこれを為し得るものというべく、法人が情を知つているというのは法人の代表者が情を知つている場合をいうものと解すべきである。本件において供与された賄賂はいずれも判示公共団体の代表者がその情を知つて収受したものであることは原判決の確定した事実であるから、原判決が右公共団体に価額の追徴を命じたのは正当である」（最判昭二九・八・二〇 刑集八・八・一二五六）。

もつとも、本条の第三者没収または追徴の規定も、第三者に告知、弁解、防禦の機会を与えるための手続を欠く今日においては、事実上運用できない状態にあることに注意しなければならない（前掲【91】及び【92】の判例参照）。この点につき、右【136】の判決の第二審判決は次のように判示しているが、かかる見解が改めらるべきことはいうまでもない（なお右【136】の判決においては、この点は何ら判示されておらず、また上告論旨もこれに触れていない）。

【137】　「我が法律がかかる第三者の権利行使の規定等を設けていないからといつて、刑法第一九七条の四

を空文に帰せしめることは相当でないし、原判決の執行が全く不可能であるとも考えられない。殊に本件においては原判決援用の証拠に照らすと、判示町長又は組合の管理者である松井金蔵は証人として原審公判廷で取調を受けており、且つ同人の供述その他の証拠によると同人は本件寄附金名義の金員（判示寄附金とあるはかく解すべきである）が、各判示のような賄賂である情を知りながらこれを収受したこと明白であるから必ずしも所論のような反対尋問権その他の権利行使の機会を与えなければならぬとは解せられない。のみならず、第三者のかかる権利行使を云々することは被告人の立場からは法律上何等の利益もないことである」（東京高判昭二七・五・二三、前掲【136】の最刑集に収録、なお特三四・三二にも登載）。

二　公職選挙法二二四条

（一）　本条は、買収、利害誘導等のため選挙に関して収受または交付された不正の利益の剝奪を目的とするものであつて、没収・追徴を必要的とする。本条の沿革は、明治三三年法律第七三号衆議院議員選挙法八七条二項（前項ノ場合ニ於テ収受シタル利益ハ之ヲ没収ス其ノ全部又ハ一部ヲ没収スルコト能ハサルトキハ其ノ価格ヲ追徴ス）及び大正一四年法律第四七号衆議院議員選挙法一一四条（前三条ノ場合ニ於テ収受シ又ハ交付ヲ受ケタル利益ハ之ヲ没収ス其ノ全部又ハ一部ヲ没収スルコト能ハサルトキハ其ノ価額ヲ追徴ス）に遡ることができるが、以下本条の解釈に参考となる限度において、これらの法条に関する判例をも考察することとする。

本条の没収・追徴は、一旦収受された利益が返還された場合（後出一二〇頁以下）を除き、不正利益の収受者に対してのみ、これを科すことができる。しかし、刑法一九条、同条ノ二を適用して、収受された賄賂を利益提供者から没収・追徴することもできる。

【138】「衆議院議員選挙法一一四条は、当選を得る目的をもつて、選挙人又は選挙運動者に対し金銭その他の財産上の利益が供与せられた場合について、「収受シ……タル利益ハ之ヲ没収ス」と規定しているのであつて、同条は「利益収受者」に対する刑として没収刑を規定しているのである。しかるに、原判決が没収を言渡した押収の金八〇〇円は被告人が判示第一の(三)の事実により山室国雄に供与した一、〇〇〇円の内同人が消費せずに持つていたものであることは記録上明らかであつて、被告人は右金員についての「利益収受者」ではなくまた、「利益収受者」山室国雄は本件の被告人ではないのであるから、本件において、同条によつて、右金員を没収する途のないことは当然である。しかも右金員は、判示第一の(三)のごとく同法一一二条所定の利益供与罪を組成する物であることは疑を容れないところであるから、右金員が被告人及びその共犯者以外に属しない以上(しかして、このことはまた記録上明らかである)刑法一九条に従つてこれを没収することができるものといわなければならない。従つて原判決が衆議院議員選挙法一一四条に依らず、刑法一九条に従つて右金員を没収したことは正当であつて、論旨は理由がない」(最判昭二五・六・二八刑集四・六・一一一二)。

(二)　選挙運動に関する報酬と費用が不可分的に一括して提供された場合について、古い判例は、全然没収または追徴できないものと解した。

【139】「没収又ハ追徴ハ不法ニ収受シタル金額ニ付テ之ヲ為スベキモノニシテ、其以外ニ及ボスベキモノニ非ザルガ故ニ、一定金額中ニ実費ト報酬トガ包含セラルルコト明カニシテ、而カモ二者ノ各金額ヲ分別スルコト能ハザル場合ニ於テハ、全然没収又ハ追徴ヲ為スコト能ハザルニ帰著スベキモノニシテ、此ノ如キ場合ニ於テ全部ニ付キ没収又ハ追徴ヲ為スベシト解スルハ正当ニアラズ」(大判大四・一〇・二八刑録二一・一六九五)。

しかし、その後この見解は改められ、現在は、かかる場合は全額について没収・追徴すべきものと解されている。

【140】「選挙運動者ガ選挙ニ関シ其ノ運動実費及報酬トシテ一定ノ金額ノ供与ヲ受ケタル場合ニ於テ、両

者ノ区別劃然トシテ指示セラレ、其ノ割合明瞭ナルトキハ格別、若シ然ラズシテ運動実費ト報酬トヲ不可分的ニ包括シタルモノニ係リ、其ノ割合不明ナルトキハ、両者相混淆シ供与ヲ受ケタル金額ノ全部ハ之ヲ包括シテ不可分的ニ違法性ヲ帯ブルモノト断定スベキヲ以テ、之ヲ没収又ハ追徴ヲ為スニ当リ、所謂選挙運動実費ヲ控除スルコトナク報酬ニ属スル部分ト共ニ不可分的ニ之ガ処分ヲ為サザルベカラズ」(大判大一三・一一・一四刑集三・七九四)。

【141】「選挙運動ノ報酬等トシテ供与ヲ受ケタル金員ハ、全部不法性ヲ有スル不正ノ利益ニシテ、之ヲ没収スベク、而シテ選挙運動実費ハ本来其ノ運動者ノ負担スベキモノニシテ、之ヲ其ノ供与ヲ受ケタル右金員中ヨリ支弁シ得ザルヤ勿論ナルガ故ニ、該金員ヲ右実費ニ費消シタルトキハ其ノ価格ヲ追徴スベキモノトス。故ニ被告人道太郎ノ供与ヲ受ケタル金員ガ判示ノ如キ性質ノモノナル以上、仮ニ之ヲ以テ所論実費ヲ支弁シタリトスルモ、原判決ガ其ノ価格ノ追徴ヲ命ジタルハ洵ニ相当ニシテ、所論ノ如キ違法アルコトナシ」(大判昭一二・九・二八刑集一六・一三一七)。

【142】「第一審判決挙示の証拠によれば、所論交付金は、投票買収資金と法定選挙費用を一括し、そのいずれの部分が買収資金でいずれの部分が費用であるかの区別のできない関係において手交せられたものであることが明らかであるから、その金員の全額につき不法性を帯びるものと解すべきであるとした原判決の判断は正当である」(最決昭二九・六・一九刑集八・六・九三〇、同旨、最判昭三〇・五・一〇刑集九・六・一〇〇六)。

【143】「選挙運動につき、その報酬と費用との割合が明確にされず従って右両者を区別することなく包括して供与された金員は、その全額が没収又は追徴の対象となることは当裁判所の判例の趣旨から明らかなところである。昭和二八年(あ)第四九五〇号、同二九年六月一九日第二小法廷決定参照(前掲【142】)」(最決昭二九・七・一四刑集八・七・一一一四)。

だがこのような場合、受供与罪そのものは一括供与を受けた金員全額について成立するものとしても、実際に実費として支出された額が明確且つ妥当なものである限り、追徴の関係においては不正な利益の保持がないものとして、右実費分を控除して算定すべきではなかろうか。選挙に関する不正な利益の剝奪を目的とする本条の趣旨から、ことを実質的に考えるならば、次の下級審判例の見解を正当とすべきように思われる。

【144】　原判決が、現金一、三〇〇円の供与を受けた事実を認定しながら、追徴についてはバス賃及び昼食代として支出した三六〇円を控除し、九四〇円しか追徴しなかつたことを攻撃する検察官の控訴趣意に対し「所論は要するに選挙運動の報酬と実費がその割合の定めなく包括的に授受せられた場合にはその収受金全額を没収追徴すべきであるのに不拘原判決が右収受金の内一部実費として費消した分を控除して追徴を命じたことは公職選挙法第二二四条の法意を誤り解したものであるというに帰する。しかしながら公職選挙法第一九七条の二は選挙運動者に実費の支給を許容していることは明らかであり同法第二二四条においては「収受し又は交付を受けた利益」を没収又は追徴すべき旨規定しているのである。凡そ選挙運動をなすについて交通機関等を利用しなければならない場合には必然的にその交通費が入用でありかかる必要実費を選挙運動者自己の出損を以つて支弁させることは過酷に過ぎ且実情に適しないとの見地から同法第一九七条の二の規定が設けられたのであつて右実費に充てられる目的で授受せられた選挙運動の費用が同法第二二四条にいう収受又は交付を受けた「利益」と解せられないことは当然である。しかして初めから実費と報酬とを分別して金員が授受せられた場合には前者については合法性あるものとして既に起訴適格を欠き後者のみについて起訴すべきものと解せられるところ右後者の金員中より受供与者が実費を支弁したとしてもそれは受供与者が受けた報酬の一部につき自由処分したものであつて受供与全額の報酬たる性格につき変りはなく同法第二二四条の関係においては全額を収受した利益と解すべきであるが機動性を尊重する選挙運動の実際においては必要とする実費の限度を予見することは困難であり事実上実費と報酬とを分別することなく包括的に供与せられる場合が多いと解せられるところかような場合には供与者においても受供与者においてもその必

要とする実費の限度においてはこれを受供与者の利得に帰せしむる意思は初めからなかつたというの外はなくその限度においては同法第二二四条にいわゆる収受した利益ということはできないのである。従つて実費と報酬とを一括し分別することなく供与した場合でも運動実費として費消せられた部分が後日明確にせられたときはその範囲において受供与者の収受した利益は存しないのであるからこの部分は同法の追徴額から控除すべきものと解する。このように解することは理論上当然であつて若しそうでないとすれば仮に必要な選挙運動実費が約九千円と予想せられる場合に実費及び報酬を含めその内容を分別せずして金一万円を供与し現実に必要実費として金九千円が費消せられたことが立証せられた際においても金一万円全額を追徴しなければならない不合理に陥り且公平の観念に反する結論に到達しなければならない。原判決が実費と報酬とを一括して供与せられた金員中から現実に必要な交通費等実費として費消した金額を控除した部分だけについて追徴の言渡をしたのは右と同趣旨にいでたものであつて相当である」（福岡高宮崎支判昭三一・九・二六刑集九・九・一〇二二、同旨、東京高判昭二八・一二・一五東京高時報四・六・二〇〇）。

（三）　利益収受者が、一旦自己の収受した利益の全部または一部を、更に他の者に提供した場合はどうであろうか。判例は、これを収受者が利益の処分方につき提供者から何らの指示も受けず、自己の自由意思に任されていた場合と、当初から他に提供すべき旨の負担を負つていた場合とにわかち、前者の場合は、たとえその一部または全部を他に提供しても、それは自己の処分権の行使に外ならないから全額につき没収・追徴を免れないとし、後者の場合は、負担の趣旨に従つてこれを他に提供した以上、その額を控除して没収・追徴を科すべきであるとする。

【145】「被告人ガ供与ヲ受ケタル金員ノ没収又ハ追徴ニ付案ズルニ、凡ソ選挙ニ関シ投票ノ買収等ヲ包含スル違法運動ヲ依頼シ一定ノ金員ヲ供与シタル場合ヲ稽フルニ、選挙界ノ情勢、運動者ノ地位閲歴其ノ他諸

般ノ事情ニ依リ、其ノ供与ノ趣旨必シモ一様ナラズ。即チ或ハ運動者ニ対シ一定ノ投票ノ獲得ヲ請負ハシメテ其ノ方法ヲ運動者ニ一任シ、苟モ一定ノ投票ヲ獲得スルヲ得ル以上、授受シタル金円ハ全部運動者ノ所得トスルコトヲ得ル趣旨ニシテ金円ヲ供与スル場合アリ、或ハ投票ヲ獲得スルニハ選挙人ノ買収又ハ他ノ運動者ニ対スル報酬ノ供与等ヲ必至ノ勢ナリトシ、従テ之ニ対シテ相当額ヲ支出スベキコトヲ予期シ、其ノ残額ヲ収得セシムル趣旨ニテ金円ヲ供与スル場合アリ。而シテ、前者ノ如ク請負的関係ニ於テ金円ノ供与アリタル場合ハ、其ノ金円ノ処置如何ニ拘ラズ供与ヲ受ケタル金円全部ニ付没収又ハ追徴ヲ命ズベキモノナリト雖、後者ノ如ク負担附ニテ金円ノ供与アリタル場合ハ、其ノ負担ノ趣旨ニ従ヒテ支出シタル金額ハ之ヲ控除シテ没収又ハ追徴ノ関係ヲ定ムベキモノトス。蓋シ衆議院議員選挙法第百十四条ハ、選挙運動ニ関シテ不法ノ利益ヲ享受保持スルコトヲ得セシメザル趣旨ニ出ヅルモノニシテ、右請負的関係ノ場合ニ於テハ其ノ全部ヲ以テ収受シタル不法ノ利益ト認メザルベカラズト雖、負担附供与ノ場合ハ本来其ノ全部ヲ運動者ニ帰セシムル趣旨ニ非ズ、其ノ受クベキ利益ハ負担ノ趣旨遂行ニ因リテ供与金額ヨリ減殺セラルベキ関係ニ置カレタルモノナレバ、受供与者ガ負担ノ趣旨ニ従ヒテ支出ヲ為シ、実際上ニ於テモ其ノ利益ニ帰セザリシモノニ付追徴ヲ命ズルガ如キハ、法ノ精神ニ反スルコト明ナレバナリ」(大判昭七・五・二六刑集一一・六八五)。

【146】「しかし原判決挙示の証拠によれば被告人が佐藤伝一郎より二回に受領した合計金一万一千円は候補者大野市郎のために選挙運動に対する報酬として供与を受けいずれも被告人の自由処分に委せられたものであることが明白であるから、該金員は右供与を受けた時に被告人の利益に帰したものとして公職選挙法第二百二十四条により没収もしくはその価格追徴を免れないものと解すべく、而してその後被告人が矢代大八郎及び小山藤蔵に供与した合計金一千円が右佐藤伝一郎から手交せられた金円の一部を以て利用せられたものであるとしても、該金円の供与が右佐藤伝一郎の指示により同人が被告人に供与した前記一万一千円の中より分与すべきものとなつていたというような特別の事情があつたならば格別、右は専ら被告人の任意の支出である以上、右金円の供与は前記佐藤伝一郎から被告人が供与を受けた事犯とは別個の新たな犯行であ

り、従つてこれによつて収受せられた利益も亦被告人が右佐藤伝一郎から受けた利益とは別個の新たに生じたものと謂うべきであるから、原審判決が本件追徴金額の算定に当り佐藤伝一郎から収受した利益の中から所論の一千円を控除しなかつたからというて必ずしも違法の措置と断ずべきでない」（東京高判昭二八・六・二五刑集六・六・七七六）。

【147】「然し原審が取り調べた証拠によれば、被告人は、前記の通り、供与を受けた十七万円の一部を選挙運動以外の自己の私用に費消したことが認められる。右のように、被告人が供与を受けた十七万円を如何に使用しようとも、被告人の自由裁量に属することであり、右十七万円が現存して押収されていない限り、公職選挙法第二百二十四条により没収することができないものとして追徴することができるものである。即ち被告人が供与を受けた十七万円の一部を原判示の通り、白井昇、久野政春、中島藤男、笠原宗一等に供与しているが、若し供与した現金が押収されて居り、右の被供与者が共同被告人となつていれば、総ての共同被告人から没収する旨の判決を為すべきものであり、右現金が存在しないときは、没収することができないものとして、総ての共同被告人から追徴する旨の判決を為さねばならないものである。このことは、被告人と他の被供与者が共同被告人でなく、別個に審理されても又は不起訴の者があつても被告人から全額追徴し得ることに変りはない。ただ追徴の判決を執行する場合、総ての共同被告人から全額を徴集するときは、二重にも三重にも同一金額を徴集することになり、被告人にとつては没収と比較し、著しく不利益となるので、共同被告人又は他に追徴の判決を受けた被告人とが連帯して追徴金を支払うことになるのである。従つて被告人が供与を受けた十七万円を総て他に供与したとするも、被告人からこれを追徴すべきものであることは、疑をいれない」（名古屋高判昭二九・一一・三〇高裁特報一・一二・五八三）。

しかし、追徴の執行面において、果して【147】の判決がいうような調整、すなわち「二重にも三重にも同一金額を徴集すること」の排除が保障できるかどうか、疑わしいものといわなければならない。次の判決は、重複追徴による国家の「不当利得」の排除という点に力点をおいて考えたのか、従来の判例傾向とは聊か趣を異にし、他に供与すべき負担の有無ということには触れることなく、被告人の供与先から没収・追徴し得る場合には、その価額を控除して追徴額を算定すべき旨判示する。

【148】「選挙に関し候補者のため投票及び投票取纒の運動方を依頼された者が、その報酬及び運動の資金として包括的に一定の金員を供与された場合において、該金員中に交通費、宿泊費、弁当料等の実費弁償又は労務者に対する報酬に充てるべき部分が含まれていたとしても、すべてこれを分割することができないようなときには、その供与を受けた金員全部が不法性を帯びるものとしてこれを没収し、あるいはその価額を追徴すべきであるが、もし右供与を受けた者が更に選挙人又は選挙運動者に対し、該金員の一部により同趣旨をもつて酒食の饗応をした結果、その選挙人又は選挙運動者につき同法第二二一条第一項第四号第一号の犯罪が成立し、その選挙人又は選挙運動者からその金員を没収し又はその価値を追徴することができる場合には、その選挙人又は選挙運動者に対し、没収又は追徴を科するをもつて足り、金員中その部分につき、右の選挙人又は選挙運動者に金員を供与した者に対し、重ねて追徴を科すべきものではないと解せられる」(東京高判昭二八・四・二一東京高時報刑三・四・一五三、同旨東京高判同日東京高時報刑三・四・一八一、東京高判昭三六・六・二八東京高時報刑一二・六・一一二)。

もつとも、負担付交付を受けた場合であつても、単に共謀者間に金員の保管の移動があつたに過ぎず、未だ現実にその趣旨に従つた支出がない場合には、なおその収受した利益全額を保持しているものとして、没収・追徴を免がれないのは当然である(名古屋高判昭三〇・一〇・七高裁特報二・二〇・一〇三八)。

投票買収資金として金員の交付を受けた者が、その一部を委託の趣旨に従って他に供与したときは、受交付の罪は供与罪に全部吸収されて別罪を構成しないのか、それとも、吸収されるのは他に供与した分についてのみで、供与しなかつた残部についてはなお受交付罪が成立するのかという点については、判例の見解がわかれている。前説をとるものとしては、昭和一二年三月五日の大審院判決

（刑集一六・二三六）、同一三年三月四日の大審院判決（後掲【149】）、同三一年七月一四日の東京高裁判決（後掲【150】）等があり、後説をとるものとしては、同二八年六月一三日の東京高裁判決（刑集六・七・八三九）、同三四年一〇月二九日の名古屋高裁金沢支部判決（最刑集一四・五・五四六に収録、なおこれに対する上告審決定は、この点については触れるところがなく、高裁の右見解を肯定も否定もしていない）等が存し、最高裁の見解は未だ明らかでない。ところで全部吸収説をとる判例においても、その手許に保留された利益については、没収・追徴を妨げないとする。

【149】「金員受交付ノ所為ガ金員供与罪中ニ吸収セラレ、擬律上単ニ供与罪ニ関スル法条ノ適用ヲ為スニ止マル場合ト雖、右受交付ノ所為ヲ罪ト為ラズト為スモノニ非ザレバ、右被告人久雄ノ交付ヲ受ケタル金員ノ一部ニシテ同人ノ手裡ニ保留セラレタル前示金五十九円五十銭ハ、同選挙法第百十四条ニ所謂交付ヲ受ケタル利益ニ該当スト謂ハザルベカラズ」（大判昭一三・三・四刑集一七・一五四）。

【150】「投票買収の為め金員の交付を受けたる者がその交付の趣旨に従い更にその金員を選挙人に供与したときは、その全額なると一部なるとを問わず、常に金員供与罪のみが成立し、金員の交付を受けたる点は右供与罪中に吸収せられ別罪を構成しないものと解すべきを相当とする（中　略）。されば、受交付罪と供与罪につき同時に起訴ありたる場合においてその併立を認められないとして受交付の事実につき別罪を構成しないとした場合又は受交付の事実につき起訴せず単に供与罪についてのみ起訴のある場合においても、受交付の事実そのものが証拠上認め得られる限り、受交付金額の全額につき公職選挙法第二二四条所定の利益あるものとして、追徴金額算定の基礎となし得るものと解するを相当とすべく云々」（東京高判昭三一・七・一四高裁特報三・一六・七七七）。

もっとも次の判例は、全部吸収説をとるにしても、残額について没収・追徴の言渡をするためには、受交付の事実が公訴事実中に明示されていることを要する旨判示する。

【151】「当裁判所は、本件のように受交付者が受交付金員の一部を他に供与し、その部分については受交

付罪は供与罪に吸収され別罪を構成しないと解される場合でも、その残額について没収追徴の言渡をするためには、少くとも右受交付の事実が当該被告人に対する公訴事実中に明示されていることを要するものと解するのであつて、起訴状には単に供与の事実のみが公訴事実として記載され、受交付の事実については何らの記載がなく、記録上その供与の目的となつた金員が、他より交付を受けた金員の一部であることが認められる場合でも、右受交付金員より、供与した金員を除いた残額について、当然没収または追徴の言渡をすべきであると言う見解は、没収追徴が明文上利益収受者に対する附加刑として規定されている趣旨から見ても、余りに被告人に不意討の不利益を帰せしめる結果となるものと考えられるから、右見解には到底賛成することができないのである。しかるに本件起訴状によれば、被告人鈴木京一が金員の交付を受けたと言う事実は相被告人中村繁の金品交付の起訴事実の反面として認めうるに止まり、被告人鈴木京一がその中から、供与しまたは供与資金として手渡した金員の残額について受交付罪として起訴がないのは勿論、同被告人に対する公訴事実自体に何ら受交付の事実は明示されていないのであるから、同被告人が交付を受けた金員中より他に供与し、または供与すべき資金として手渡した残額については、これを公職選挙法第二百二十四条の規定により没収または追徴の言渡をしえないものと解するのが相当である」（東京高判昭三四・四・一八 下級刑集一・四・八九四）。

（四）　利益収受者が一旦これを収受した後に提供者に返還した場合については、判例は、前出の賄賂罪における賄賂の返還の場合と略々同趣旨の見解を示す。すなわち、収受された利益そのものを返還した場合は、供与者から没収・追徴すべきものとする。

【152】「衆議院議員選挙法第八十七条第二項ニ「前項ノ場合ニ於テ収受シタル利益ハ之ヲ没収ス其ノ全部又ハ一部ヲ没収スルコト能ハザルトキハ其ノ価額ヲ追徴ス」トアリテ、此ノ規定ハ利益ノ収受者ニ対シテノミ適用セラレ、利益ヲ与ヘタル者ニ対シテハ適用ナキガ如キ観アリト雖、法ノ精神ハ同条所定ノ人人ノ間ニ授受セラレタル利益又ハ其ノ価額ハ常ニ之ヲ国庫ニ帰属セシメ、利益ヲ授受シタル双方ヲシテ犯罪ニ関スル

利益ヲ保持シ又ハ回復セシメザルヲ目的トナスコト明白ナルノミナラズ、其ノ授受セラレタル利益ハ之ヲ与ヘタル者ノ手ニ返還セラルルモ其ノ性質ヲ変ズルモノニ非ザルニ依リ、斯ル場合ニ於テ該規定ハ利益ヲ与ヘタル者ニ適用スルヲ以テ能ク法ノ精神ニ適合スルモノトス（前掲【117】判決参照）」（大判大一三・一〇・一三刑集三・六八六）。

【153】「衆議院議員選挙法第百十四条ハ、同法第百十二条ニ規定シタル選挙運動又ハ投票ニ対スル報酬トシテ或ル利益ノ授受アリタル場合ニ於テ、其ノ利益ガ被供与者ノ手裡ニ存スルトキハ其ノ者ヨリ之ヲ没収シ、若シ没収ヲ為ス能ハザル場合ニ於テハ同人ヨリ其ノ価額ノ追徴ヲ為スベキハ勿論、該利益ガ被供与者ヨリ供与者ニ返還セラレタル場合ニ於テハ、其ノ供与者ヨリ右ト同様没収又ハ価額ノ追徴ヲ為スベキ趣旨ノ規定ナリト解スベキモノトス。何トナレバ、選挙運動若ハ投票ノ報酬トシテ一旦授受セラレタル利益又ハ其ノ価額ハ、常ニ国庫ニ帰属セシメ其ノ授受者ヲシテ犯罪ニ関スル利益ヲ保持シ又ハ之ヲ回復セシメザル法意ナルコト明白ナレバナリ」（大判昭五・一〇・三一刑集九・七七二）。

【154】「本件において被告人は、石沢に対し選挙人三好に供与すべきものとして金三百円を交付し、石沢は翌日これを三好に手交したところ、さらにその翌日三好は該現金をそのまま石沢に返還し、石沢は即日これを被告人に返還したものである。所論のように、なるほど被告人は、他より利益を交付され又は収受したのではなく、自己の交付した金の返還を受けたに過ぎないものであつて、前記法条（編註、公選法第二二四条）にいう「収受し又は交付を受けた利益」に当らないから、同法条によつて没収または追徴することができないように一応考えられないこともない。しかし、該現金は、三好にとつては収受した利益であり、石沢にとつては交付を受けた利益であり、共に前記法条によつて没収または追徴することができるわけである。そこで、かかる利益が、被供与者から供与者に返還せられ、さらに供与者（受交付者）から交付者（被告人）に返還せられた場合には、被告人から没収または追徴をなすべきものと解すべきである。けだし選挙運動もくしは投票の報酬として一旦授受された利益又は価額は常に国庫に帰属せしめ、その授受者をして犯罪に関する利益を保持し、または回復せしめざるが法意であるからである（前掲【117】【153】参照）」（最判昭三一・九・六刑集一〇・九・一三

五二)。

しかし、収受者がこれを一旦費消した以上は、その後において同額の利益を返還したとしても、収受者から追徴すべきである。

【155】「衆議院議員選挙法第百十二条第四号ニ所謂饗応ヲ受ケテ之ヲ費消シタル以上、其ノ受ケタル利益ハ已ニ没収シ能ハザルモノニシテ、仮シ後日其ノ利益ニ相当スル実費ガ収受者ヨリ供与者ニ返還セラレタリトスルモ、該利益ニ対スル価額ヲ追徴スルニ何等ノ妨トナルコトナシ」(大判昭三・二・三刑集七・四二)。

【156】「本件ニ於テ被告人富之助ニ供与セラレタル金二十五円及被告人正雄ニ供与セラレタル金二十円ガ夫々供与者ニ返還セラレタリトノ事実ハ、原判決ノ認メザルトコロナリ。論旨ニ指摘スル原審公判調書ノ記載ハ、右被告人等ニ於テ事後右ニ相当スル金額ノ返還ヲ為シタル事実ヲ認メシムルニ止マリ、必シモ当該金円ソノモノガ返還セラレタリトノ事実ヲ認メシムルモノニ非ザルガ故ニ、右ノ記載ニ拘ラズ原判決ガ所論返還ノ事実ヲ認メザリシヲ不当ナリト為スヲ得ズ。其ノ他記録ニ徴シ該事実ノ認定ニ重大ナル過誤アルコトヲ疑フニ足ル事由ヲ発見セズ。果シテ然ラバ原判決ガ被告人富之助ノ収受シタル金二十五円、被告人正雄ノ収受シタル金二十円ヲ没収スルコト能ハズトシ、府県制第四十条、衆議院議員選挙法第百十四条ニ則リ右各被告人ニ其ノ価格ノ追徴ヲ命ジタルハ正当ナリ」(大判昭七・四・一四刑集一一・四四六)。

【157】「公職選挙法二二四条による価額の追徴は、「収受しまたは交付を受けた利益」を没収することができなくなつた時期において、その利益を所持していた者ないしは享受した者より追徴する趣旨であつて、その後右利益と同額の金銭が供与者または交付者等に返還されたからといつて、返還を受けた者よりこれを追徴すべきものではない。ところで、原判決の認定したところによると、被告人両名は本件供与にかかる金員をそれぞれ自己の用途に費消してしまつていたというのであるから、被告人等において既にその利益を凡て享受し終つたため、最早これを没収することができなくなつたものといわなければならない。されば、その

後被告人等がそれぞれ所論のように同額の金員を河原伊三郎に返還したとしても、それは本件供与にかかる利益そのものではないから、被告人等において所論追徴を免れる理由は少しもない」（最判昭二九・八・二四刑集八・八・一四四〇）。

同様に、受供与者が供与金を預金した場合は、その特定性を失うから没収できなくなり、その後同額の金員を供与者に返還したとしても、供与者からその価額を追徴することはできない。

【158】「しかし県造が供与を受け、収受した現金一〇万円は同人の手許で銀行預金と化し、その特定性を失つたため没収することができなくなつたのであるから、たとい県造が（繁樹の手を経て）これと同額の預金の払戻しを受け、それが県造から直接被告人に、あるいは一度他に交付され、その受交付者から被告人に、返還されたとしても、被告人からこれを没収し、またはその価額を追徴することは許されないわけである」（最判昭三七・五・一刑集一六・五・四七〇）。

利益収受者が供与を受けた金員を郵便為替に組み、これを返送した場合には、供与（交付）者から没収するとした判例がある。郵便為替券の支払の確実性から、これを金銭と同視し、両替の場合（前掲【7】の判例参照）と同じく、その同一性を失わないものと解したのであろう。

【159】「郵便為替券ハ金員送付ノ用ニ供セラルルモノニシテ、為替券ノ送付ハ普通其ノ額面金額ニ相当スル金員送付ト同様ニ取扱ハルルモノナレバ、矢板大安ガ原判示第一(二)ノ選挙運動ノ経費及報酬金三十円ヲ被告人ニ返還スル為、之ヲ郵便為替ニ取組ミ該為替金ヲ被告人ニ送付シ、被告人ニ於テ之ガ受領ヲ為シタル以上、原判決ガ所論摘録ノ如キ趣旨ノ説明ヲ為シタルハ相当ナリト謂フベク、従ツテ其ノ説示スルガ如キ理由ノ下ニ被告人ヨリ金三十円ノ追徴ヲ命ジタル原判決ニハ所論ノ如キ違法アリト称シ難キヲ以テ、論旨理由ナシ」（大判昭一六・四・二刑集二〇・二一一）。

供与を受けた小切手を、収受者が焼却した場合について、

【160】「原判示挙示の証拠によると原判示事実即ち被告人が同判示の年月日場所で同判示の石原昭男から、同判示目的趣旨のもとに供与されるものであることを知りながら同判示の金額二〇、〇〇〇円の小切手（原判示中に支払人石原和男とあるは支払人株式会社千葉銀行松戸支店の誤記と認む）一通の供与を受けたことを認むるに十分であつて、更にまた被告人はその二日後頃に供与者である石原がその嫌疑で検挙されたことを聞知し右小切手を肩書自宅の竈で焼却したことが認められる。而して公職選挙法第二二四条に同法第二二一条第一項第四号の収受した利益は没収する、全部又は一部を没収することができないときはその価額を追徴するとあるは一旦授受された利益又はその価額は常に国庫に帰属せしめ受供与者に犯罪による不正の利益を保持せしめないことを目的とするものであるところ、小切手は振出人が支払人に宛て受取人に対し小切手記載の金額を支払うことを委託する文言を有する証券で、受取人の支払人或は振出人に対する小切手金額の支払請求権を化体した有価証券であるが、その実質的価値は右債務者の資力支払意思その他の事情によつて種々異るものであつて、その価格は必ずしも小切手金額と一致するものではない。しかも前記の様に受供与者（受取人）である被告人が原判示金額二〇、〇〇〇円の小切手を焼却したときは最早小切手上の請求権は消滅し、爾後被告人は供与を受けた右小切手による不正の利益を保持しているものではなく、寧ろ右小切手焼却によりその利益は供与者である振出人の石原昭男に帰したものということができるから、被告人から右小切手の価額を追徴することを得ないものと解するのが相当である」（東京高判昭二八・一〇・二七刑集六・一一・一五二九）。

数人の共謀供与者から受けた利益を、その中の一人に返還した場合について、次の判例は、返還を受けた者から没収・追徴すべきものとする。なお、甲、乙、丙と供与または交付された利益が、そのまま丙、乙、甲と順次返還された場合について、前掲【154】の最判参照。

【161】「数人ノ選挙運動者共謀シテ議員候補者ノ為ニ投票ヲ為サシムル目的ヲ以テ選挙運動者ニ対シ金銭供与ヲ為シ、其ノ後之ヲ受ケタル者ガ該供与者ノ一人ニ之ヲ返還シタル場合ニ於テハ、数人ノ供与者全体ガ

返還ヲ受ケタル者ニ非ザルヲ以テ、該金銭ニシテ返還ヲ受ケタル供与者ノ手裡ニ存スルトキハ之ヲ没収シ、没収スルコト能ハザルトキハ同上供与者ヨリ其ノ価額ヲ追徴スベキモノトス」（大判大一三・一〇・一三〔前掲【152】と同一判例〕）。

（五）　数人共同して金銭の供与を受けたときは、各自の分配額に従って追徴する。分配額が不明のときは、平等割合による。

【162】「市会議員ノ選挙ニ際シ、選挙人又ハ法定ノ選挙運動者ニ非ザル者ガ、候補者ニ於テ当選ヲ得ル目的ヲ以テ金銭ヲ供与スルモノナルノ情ヲ知リナガラ数人共同シテ該供与ヲ受ケタル場合ニ於テモ、之ガ追徴ハ共犯者各自ノ分配額ニ従ヒテ行フヲ適当ナリトス。然レドモ其ノ分配額明ナラザル場合ニ於テハ、共同シテ供与ヲ受ケタル金銭ハ共犯者ノ共有ニ属シ、各自ノ分配額ハ平等ナリト認ムルコト社会通念上当然ノ判断ニ属スルヲ以テ、追徴ノ場合ニ於テモ亦固ヨリ此ノ額ヲ基本トシテ其ノ追徴額ヲ定ムベキモノトス」（大判昭一〇・一一・二九刑集一四・一二九）。

三　関税法一一八条

（一）　本条（昭和二九年法律第六一号）の前身をなすのは、明治三二年法律第六一号関税法の八三条である。同条は当初没収については関係条項（輸入禁制品につき七四条、関税逋脱物につき七五条）の規定に譲り、追徴についてのみ次のように規定していた。

第一項　本法ニ依リ没収スヘキ貨物カ犯則者以外ノ者ニ属シ又ハ消費其ノ他ノ事由ニ依リ没収スルコト能ハサルトキハ其ノ価額ヨリ関税及消費税ニ相当スル金額ヲ控除シタル金額ヲ犯則者ヨリ追徴ス

戦後昭和二三年法律第一〇七号による改正の結果、同条は没収規定も一括して規定することになり、また犯人の占有物についても没収を科し、供用船舶の没収をも新たに規定することになつた。右改正による同条一項乃至三項は次のとおりである。

第七十四条、第七十五条又ハ第七十六条ノ犯罪ニ係ル貨物其ノ犯罪行為ノ用ニ供シタル船舶ニシテ犯人ノ所有又ハ占有ニ係ルモノハ之ヲ没収ス

犯人以外ノ者犯罪ノ後前項ノ物ヲ取得シタル場合ニ於テ其ノ取得ノ当時善意ナリシコトヲ認ムル能ハサルトキハ其ノ物ヲ没収ス

前二項ノ規定ニ依リ没収スヘキ物ノ全部又ハ一部ヲ没収スルコト能ハサルトキハ其ノ没収スルコト能ハサル物ノ原価（犯罪行為ノ用ニ供シタル船舶ナルトキハ其ノ価額）ニ相当スル金額ヲ犯人ヨリ追徴ス

その後昭和二五年法律第一一七号によつて、同条第一項は次のように改正された。

第七十四条、第七十五条若ハ第七十六条ノ犯罪ニ係ル貨物、其ノ犯罪行為ノ用ニ供シタル船舶又ハ第七十六条ノ二ノ犯罪ニ係ル貨物ニシテ犯人ノ所有又ハ占有ニ係ルモノハ之ヲ没収ス

以上が旧関税法八三条の改正の経過であつて、本項においては、以下必要な限度で旧法に関する判例をも参照することとする。

本条及び旧法八三条に関する最近の判例のうちで最も注目すべきものは、第三者所有物の没収、更にはこれに代る追徴を違憲とした最高裁大法廷の判決（前掲【91】【92】、なお旧法第八三条による第三者所有物没収についても、昭和三七年一一月二八日【91】の判決と同趣旨の判決がなされた。昭和三〇年（あ）第九九五号事件、刑集一六・一一・一五七七）である。これら判決によつて、第三者の権利保護のための手続規定が整備されない限り、本条による第三者所有物の没収またはこれに代る追徴は、事実上できないことになつた。この問題に関する判例の推移については、前出六二頁以下を参照されたい。

本条の没収・追徴は、いうまでもなく刑法の没収・追徴の特則を定めたものであつて、必要的である。そしてまた本条の追徴には、刑法一九条ノ二の追徴に比して著しい特異性を認めることができる。

刑法の追徴は、一九条一項三、四号所定の物件の没収ができない場合にのみ行なわれるものであつて、その趣旨は、犯人が犯罪に関して得た不正の利益の保持を禁止し、これを剝奪せんとするにある。しかるに関税法一一八条二項は、同法一〇九条から一一一条までの犯罪に係る貨物、その用に供した船舶、航空機、一一二条の犯罪に係る貨物の没収ができない場合に、これらの物の価格に相当する金額を犯人から追徴すべき旨を規定する。これら関税法所定の没収目的物を、一般法規たる刑法一九条にあてはめて考えてみると、ある物は一号の犯罪組成物件に（例えば一〇九条の輸入禁制品）、ある物は二号の犯罪供用物件に（供用船舶、航空機）、ある物は三号の犯罪取得物件に（例えば情を知つて取得した関税逋脱物）各該当し、その性質は一定しない。そして前二者の物件の没収は、刑法上はいずれも「社会的危険物の除去」という観点から理解されてきたものであつて、これらの物の没収ができない場合に、それが追徴へ転化するということは、およそ考えられないところであつた。しかるに関税法は、これらの物の没収がすべて追徴に転化すべきことを規定しており、ここに関税法の没収・追徴の特異性が存すると共に、その理解を困難ならしめる原因があるのである。

それでは、判例はこの関税法の没収・追徴の性質をいかに理解しているであろうか。先ず昭和一〇年四月八日の大審院判決は、旧法八三条につき次のように判示し、共犯者各人に没収目的物の価額全額の追徴を科すべき所以を明らかにする。

【163】「関税法ニ於テ犯罪ニ係ル貨物ヲ没収シ、又ハ没収スルコト能ハサル場合ニ於テ其ノ価額ヲ追徴スル趣旨ハ、国家ガ同法規ニ違背シテ輸入シタル貨物又ハ之ニ代ルベキ価額ガ犯則者ノ手ニ存在スルコトヲ禁止シ、以テ密輸入ノ取締ヲ厳ニ励行セントスルニ出デタルモノト解スベク、而シテ共犯者アル場合ニ於テ此ノ趣旨ヲ貫徹スルニハ、同法第八十三条第一項ニ依リ算定スベキ価額ニ付共犯者ノ全部ニ対シテ等シク追徴ノ言渡ヲ為シ、其ノ共同連帯ノ責任ニ於テ之ヲ納付セシムベキモノト解スルヲ至当ナリトス」（刑集一四・三九一、前掲【69】と同一判決）。

この見解は、最高裁判所においてもそのまま維持されて今日に及んでいる。

【164】「関税法一一八条において、犯罪に係る貨物を没収し、又は、これを没収することができない場合にその没収することができないものの犯罪が行われた時の価格に相当する金額を犯人から追徴する趣旨は、所論のごとく単に犯人の手に不正の利益を留めずこれを剝奪せんとするに過ぎないのではなく、むしろ、国家が関税法規に違反して輸入した貨物又はこれに代るべき価格が犯人の手に存在することを禁止し、もって、密輸入の取締を厳に励行せんとするに出たものと解すべく、共犯者ある場合において、この趣旨を貫徹しようとするには追徴すべき価格につき共同連帯の責任において納付せしむべきものと解するを相当とする（判例集一一巻一号四〇五頁以下当法廷判決参照）。従って、本件のように共犯者と認められる香港在住の中国人某又は神戸市内における中国人某の所有に属する本件関税法違反に係る時計が没収できない以上被告人はその価格の追徴を免れないものといわなければならない」（最判昭三三・三・一三刑集一二・三・五二七、同旨最判昭三五・二・二八刑集一四・二・一五三等）。

かような判例の見解を一層明確に説明するものとして、次の下級審判例が参考になるであろう。

【165】「刑法の特別法たる関税法の罰則においては、たとえば、密輸により取得した貨物にとどまらず、その運搬、保管、処分のあっせん等の犯罪を組成した貨物又は右犯罪行為の用に供した船舶等の類まで含め

て、これが没収不能の場合にその価格に相当する金額を追徴する旨定めていると解しなければならないことは、追徴制度の本義にかんがみその合理性ないし立法上の当否についての疑問の存することは別として、明文上ほとんど疑をはさむ余地はないと考えられるので、関税法上の追徴は、一般刑法上のそれと異り、一概に犯人の手中から不法の利益を剝奪する性質のものであるとは言えず、むしろ密輸等関税法上の犯罪の取締を厳に励行し、その犯罪禁圧の徹底を期するため主刑にさらに付加された懲罰的性質を有するものとでも説明しなければ、その存在理由を解しがたいことになろう（最高裁昭和三二年七月一九日第二小法廷決定、判例集一一巻七号一九九八頁参照）。したがってその意味においては必ずしも、追徴は没収に代るべきものであるから追徴が没収せらるべき物の価格に相当する金額を徴収するものである以上、犯人がその物の価格に相当する利益を保持すること、すなわち犯人が所有者であることを前提としなければならない、と言う必要は少しもない。けだし、関税法の追徴が前述のように懲罰的性質のものであるとみるほかはないとすれば、単に、犯人がその手中に本来没収すべかりし物を存していたところそれが不可能になつたからその物に代るべきもの（没収に代るべきものでなくして）すなわち物の価格に相当する金額を徴収するのであると説明すれば足りる」（東京高判昭三四・六・四刑集一二・六・六二三）。

【166】「関税法第一一八条によると、同法第一〇九条乃至第一一一条までの犯罪に係る貨物その他供用の船舶若くは航空機又は第一一二条の犯罪に係る貨物は第一一八条第一項第一、二号の例外の場合を除いては犯人の所有であると否とを問わず又受益の有無、大小に拘らず総てこれを没収し、目的物の滅失又は第三者の善意取得等により没収出来ないときは価格相当額を追徴するのであつて、このことは、かかつて一に関税法違反の所為を厳重取締ると共にその没収追徴の峻厳苛烈であることを一般に警告し、同法違反の所為を未然に防止し、国家の関税収入の適正確保を図らんとするの趣旨に出でたものに外ならないものと言い得るのである」（広島高判昭三五・一〇・二五刑集一三・七・五九二）。

（二）かような関税法の没収・追徴の「懲罰的性質」を前提とする以上、本条にいわゆる「犯人」

は、没収すべき物の所有者であつた場合に限られるものではなく、広く従犯、教唆犯、運搬、寄蔵、収受、故買、牙保者をも包含するものと解されてきた。

【167】「同第二点は、違憲をいうが、その実質は、単なる法令違反の主張であつて（原判決の判示は正当である。但し四項とあるのは、三項の誤記と認める）、いずれも刑訴四〇五条の上告理由に当らない」（最判昭三三・一・三〇刑集一二・一・九四）。

右判決のいう原判決の判示は次のとおりである。

「関税法に依る没収及追徴は国家が同法規に違背して輸入した貨物又はこれに代るべき価格が犯則者の手に存在することを禁止し以て密輸入の取締を厳に励行せんとする趣旨に出でたものであることは所論のとおりであつて同法第八十三条第四項の犯人より追徴すとある犯人は同法の犯則者一切を指称すること勿論である。従つて右の犯人とは密輸入者及び其の従犯、教唆犯者はもとより密輸入品たる情を知つてその運搬、寄蔵、故買又は牙保をなしたものをも包含する」（福岡高判昭二八・七・三右最刑集に収録）。

【168】「所論関税法（昭和二三年法律第一〇七号による改正後の明治三二年法律第六一号）八三条にいわゆる「犯人」とは、密輸入者およびその従犯、教唆犯はもとより密輸入品たるの情を知つてその運搬、寄蔵、収受、故買または牙保をなした者をも包含することもまた当裁判所の判例とするところであり（前掲【167】の判決）この判例の趣旨に照らし、本件の場合においても、密輸入品の故買又は寄蔵をした被告人竹林、同山本、同安沢寿の各犯則者に対しても関税法八三条三項所定の価格全部を追徴することができるものと解するを相当とする」（最判昭三五・一〇・一一刑集一四・一二・一五四四）。

【169】「関税法一一八条一項、二項は、ひろく同条所定のいわゆる「犯罪貨物等」は没収し、また、これを没収することができない場合または没収しない場合においては該犯罪が行われた時の価格に相当する金額を犯

人から追徴する旨を規定する。そして、同条の犯人には、同法一一一条の許可を受けないで輸入した貨物について情を知つて同法一一二条にいわゆる「運搬等」をした者を包含することは、同法の規定上明らかである」(最決昭三六・五・二三刑集一五・五・八三〇)。

右のような判例の支配的な傾向の中にあつて、次の最高裁大法廷判決は特異な存在というべきであろう。

【170】　共に起訴された数人の共犯者があるのに、所有者たる被告人に対してのみ犯則物件の価額を追徴したのは、憲法第一四条第一項に反するものという弁護人の上告趣意に対して、

「しかし、没収に代わる追徴に関する事項をいかに定めるかは、追徴なる制度の本旨に適合する限り、立法によつて定めうる事柄であつて、たとえ数人の被告人に対しそれぞれ追徴を命ぜられた場合においても、国が追徴しうるのは没収せらるべき物の価額以上におよぶことを得ず、追徴を命ぜられた被告人の中の一人または数人がすでに追徴金の全部または一部を納付したときは、その納付済の部分については更に重ねて他の被告人から納付せしめることを得ないものであること(昭和三年二月三日大審院判決、大判集七巻六七頁、昭和三〇年(あ)第三一七九号、同三一年八月三〇日第一小法廷決定、集一〇巻八号一二八三頁参照。)等から考えれば、関税法八三条三項に「……犯人ヨリ追徴ス」とあるのは、共に起訴された共犯者の一人又は数人が、その物の所有者であることが明らかである場合には、必ずしも、右共犯者全員のそれぞれに対し各独立して全額の追徴を命じなければならぬものと解すべきではなく、その物の所有者たる被告人のみに対て追徴を命ずることも、前記追徴の本旨に徴し違法ではないと解するを相当とし、また右関税法の条項を右のごとく解することは、追徴なる制度を認めた法令の趣旨に照らし、合理的であると解せられるから、これがため共に起訴された共犯者の一部が追徴を命ぜられ、その他の共犯者が追徴を命ぜられないことがあるとしても、これをもつて、右条項が憲法一四条の法の下の平等を侵すものであるとは認められない」(最判昭三三・

三・三八四）。
しかしこの判例が、従来の見解を改めたものとみられるかどうかについては疑問がある。現にこの判決の後になされた【168】、【169】の判例は、従来の判例の立場をそのまま踏襲しているのである。

本条の文言に忠実ならんとする限り、かような判例の解釈態度はもとより正当といわなければなるまい。しかしながら、ことを実質的に考えると、本条の「犯人」に、犯則貨物を運搬し、保管し、または処分の媒介もしくは斡旋をした者をも包含するという解釈には、重大な疑問が存する。谷口判事も指摘されるように（谷口正孝「段階的追徴」判例評論三九、四〇号、前掲「没収及び追徴の研究」）、没収の場合はそれが無差別的に関係犯人全員に対して言渡されるとしても、関税逋脱物の単なる所持者、保管者にすぎない犯人に対する関係では、せいぜい単なる所持の剝奪の効果をもたらすにすぎない。また、既にこれらの物件の占有を他に移転した者に対しては、かかる効果さえも期待できない。しかるに、それが没収不能の故に一旦追徴に転化するや否や、単なる所持者、保管者に対しても、その貨物の価格に相当する金額の追徴が行なわれることになる。ここにおいて、両者の実質的な効果は、あまりにも権衡を失するのである。

既にみたように、判例は、関税法の没収・追徴の懲罰的性質と、その一般予防的効果とを強調する。しかし、判例といえども、犯則貨物の没収に代る追徴の直接的な効果が、犯人の保持する不法な利益の剝奪にあることは、否定することができないであろう。しかるに、犯則貨物を運搬、寄蔵、牙保したにすぎない者についてまで、その貨物の価格に相当する利益をおさめたものといえないのは当然であるから、これらの者に対する追徴は、まさに赤裸々な懲罰そのものであるという外はない。そこに実質的な理由付けを見出すことはできないのである。しかしながら、これらの者に対して、没収の場合に比較すると圧倒的に不権衡な効果をもたらす、重い追徴の処置をもつて臨むべき合理的な理由が、果して存在するであろうか。この点に関して、前掲【92】の昭三七・一二・一二の最高裁大法廷判決の中で、奥野裁判官が次のような補足意見を明らかにされ、また藤田裁判官もこれと同趣旨のことを述べられていることは、極めて注目に値することと考える。奥野意見のように、本条にいわゆる「犯人」の範囲を、没収目的物件の所有者または所有者たりし者に限定して解釈しない限り、本条二項は、憲法三一条の適正条項に違反する疑いが強いものといわなければならないであろう。

〔奥野補足意見〕「私は、所有者である第三者に対し告知、弁解、防禦の機会を与える法制が整備されていると否とに拘らず、没収の対象である物件の所有者でない被告人に対し、没収に代る追徴を科することは許されないものと考える。

すなわち、所有者でない被告人に対する没収は、その被告人については、せいぜい、その物件に対する占有権の剝奪に過ぎず、物件は第三者の所有であるから被告人に対しては殆ど財産的苦痛を与えるものでないのに、没収不能の故を以てその物件の原価に相当する追徴を科することになれば、没収不能という偶然の事情のために、突如として、その物件の価額相当の財産的負担を命ずる結果となり、没収可能なときに比し、著しい不利益を与えることになる。

元来追徴は、没収ができない場合に、これに代わる換刑処分であるから、没収の対象である物件の所有者でない者に、その原価の追徴を命ずるということは、追徴という制度の本質の限界を超える不合理な結果を生ぜしめることになる。かかる不合理は到底法の許容するところであるとは解し得ないから、旧関税法八三条三項の「犯人ヨリ追徴ス」との犯人の意義は、没収の対象である物件の所有者でない犯人はこれに包含されないものと解すべきものと考える。

また、関税法上の追徴は、密輸等関税法の犯罪の取締を厳に励行し、その犯罪の禁圧を期するため主刑に更に附加された懲罰的性質を有するものであるから、没収の対象である物件の所有者ではない犯人に対しても、追徴を科する趣旨であると論ずる者もあるが、それなれば、何故に没収可能の場合に所有者でない被告人に対し、何らかかる懲罰的制裁を科さないでおいて、没収不能になつたときに限り、物件の原価を追徴するという懲罰的制裁を科するのか理解し難いところであるから、かかる説は採るを得ない。」

なお、判例は、本条にいう「犯人」には、両罰規定の適用を受くべき「法人」または「人」をも含むものと解している（旧法八三条につき、最判昭三四・八・二八刑集一三・一〇・二八〇六、新法一一八条につき、東京高判昭三三・八・一九刑集一一・八・四六九）。

（三）　既にみたように、判例は刑法一九条の没収について、数人がその犯罪を共同して犯した場合、その没収すべき物が共犯者中の一人の所有に属しておれば、共犯者各人に対し没収刑を言渡し得るものとしている（前出四四頁以下参照）。この見解は、そのまま本条の没収についても及ぼされている。

【171】「……茲ニ所謂犯則者トハ、現ニ審判セラルル犯則者ニ限ルニ非ズ、其ノ共犯者ニシテ既ニ審判ヲ受ケ其ノ判決確定シタル者ハ勿論、未ダ審判ヲ受クルニ至ラザル者ノ総テヲ指称スベク、此ノ場合ニ於テ、犯則ニ係ル貨物ガ共犯者全員若クハ其ノ一部ノ共有ニ係ルト、将又共犯者ノ一人ニ属スルトヲ問ハズ、没収刑ハ被告人全員ニ対シ之ヲ科スベキモノニシテ、縦令其ノ一部ノ者ニ付没収ノ判決確定シタル後ト雖モ、他ノ者ニ対シテモ没収ノ言渡ヲ為スベキモノ……」（大判昭一〇・四・八、前掲【69】【163】と同一判決）。

右判決は、共犯者中の一人に対する没収判決が確定しても、なお重ねて他の共犯者に対し同一物の没収を科すべきものとする（前掲参照【69】）。しかし、昭和三三年四月一六日の最高裁大法廷判決（後掲【176】）はこの点につき反対の見解を示すかのようであり、この意を受けてか、最近の下級審判例は、これと反対の見解を明らかにするようになつた（次掲【172】、なお前掲【70】、後掲【182】も同旨）。この点については、前述したところに譲る（四六頁以下）。

【172】「旧関税法上別事件に於て犯罪に供した物件につき有罪判決が確定し、その執行として該物件を売却し、その代金を国庫の歳入に組み入れ没収の執行を終つたときは右物件の価格を犯人から追徴することは許されないことは昭和三十三年四月十六日宣告最高裁大法廷判決の示すところで、事案は犯罪に供した船舶で本件のように犯罪貨物に関するものでないが、本件のような犯罪貨物に対してもこれと同様に解するを相当とする。即ち所論の原判決が追徴を命じなかつた分は確定判決の執行と同様いずれも通告処分の履行により処分済となりこれが履行として韓国産乾海苔は国庫に帰属済であり価格は国庫に納付済であるので関税法第百十八条を適用して没収または追徴を命ずべき対象がなくなり、同法条を適用して没収または追徴を命ずることができないこと云うまでもない」（東京高判昭三六・一一・一三下級刑集三・一一＝一二合併・九八七）。

【163】乃至【166】の判例が示すように、本条の追徴は共犯者各員に対し、没収目的物の価額全額について行なう。しかし、共犯者の一人がその価額の全部または一部を納付したときは、その納付部分については重ねて他の者から徴収することができない。すなわち、判例は、共犯者間に一種の不真正連帯債務のごとき関係を認めるのである。また前掲【172】の判例は、他の犯人に対する追徴の執行が完了した以上、もはや他の犯人に対しては追徴を科し得ないものと判示する。

【173】「関税法第八十三条ノ規定ハ、数多ノ犯則者アル場合ニ於テハ、各犯則者ヲシテ各々独立シテ同条所定ノ価格全部ヲ納付セシムルノ法意ナリト解セザルベカラズ。若シ夫レ犯則者ノ或者ガ其全部若クハ幾部ヲ納付シタルトキハ、納付済ノ部分ニ付テハ更ニ徴収ヲ為シ得ザルコトハ勿論ナルモ、犯則事件ノ裁判ニ於テハ、各犯則者ニ対シテ全部納付ノ言渡ヲ為サザルベカラズ」（大判明四一・六・九刑録一四・六三九）。

【174】「関税法第八十三条ハ、没収スベキ貨物ガ犯則者以外ノ者ニ属シ、又ハ其ノ他ノ事由ニ依リ没収不能ナル時、若シ共同犯則者数名アル場合ニハ、各犯則者ヲシテ各独立シテ同条所定ノ金額ヲ納付セシムル法意ナルコトハ、夙ニ当院判例ノ示ストコロニシテ、唯国家ハ没収ニ代ルベキ追徴ニ依リ、没収セラルベキ貨物ノ価額以上ヲ利得スベカラザルコト勿論ナルガ故ニ、共犯者中ノ一人ガ其ノ全部或ハ一部ヲ納付シタルトキハ、其ノ部分ニ付テハ更ニ他ノ者ニ対シ重ネテ之ヲ追徴スルコトヲ得ザルノミ」（大判昭三・二・三刑集七・六七）。

【175】「本件のように他人と共謀して関税法一一〇条一項二号の罪を犯した場合に、同法一一八条二項によつて没収にかわる追徴をするには、犯罪貨物等の価格に相当する金額の全額を共犯者の個々に対して言渡しうることもとよりであり、ただ犯人のいずれかが右追徴金の全部又は一部を納付した場合は、その納付済の部分についてさらに徴収することができないというだけのことである」（最判昭三三・四・一五刑集一二・五・九一六、同旨、最決昭三〇・一二・八刑集九・一三・二六〇八、最決昭三一・八・三〇刑集一〇・八・一二八三、最判昭三五・一〇・一一刑集一四・一二・一五四四等）。

次に掲げる最高裁大法廷判決は、密輸出の用に供した船舶が全然別事件のため没収を言渡され、その執行が終つた場合には、右船舶の価額を本事件の被告人から追徴することは許されないとする。

【176】「原審の認定によれば、本件住鷹丸は、元来被告人等とは全然関係のない別件の田中佐一郎外八名に対する関税法違反被告事件の証拠物として押収されていたものであるが、日豊水産株式会社社長薬師寺英人において昭和二五年五月一七日大分地方検察庁からこれを一時借り受け借用中、本件により西南諸島において押収され、その後、昭和二六年九月二九日右田中佐一郎外八名中の一名木村省三に対する有罪の判決に

おいて同船没収の言渡あり、同年一二月一四日同判決が確定したので、大分地方検察庁は、右没収の執行として奄美検察庁に同船の売却処分方を嘱託し、昭和二七年一〇月二九日その換価金二九六、一八八円を歳入に組み入れ、没収の執行を終了したのである。従つて、本件第一審判決言渡の昭和二九年六月一四日当時には、右住鷹丸は前示のとおり別件の関係によつてすでにその没収の執行を終了していることが明らかであり、本件の関係においては、最早没収に代るべき追徴の言渡をなすべきいわれがないのであるから、所論のように同船が本件犯行当時の関税法（昭和二三年法律一〇七号により改正された明治三二年法律六一号）八三条三項のいわゆる「没収スルコト能ハザルトキ」に当るとして被告人等からその価額に相当する金額を追徴することは許されないものと解するを相当とする」（最判昭三三・四・一六刑集一二・六・九二三）。

右判決の理由とするところは、必らずしも明らかとはいえない。既に触れたように、【68】【69】の大審院判例の見解を改める趣旨のようにもとれ（前出四七頁、一二五頁参照）、また後掲【179】の東京高裁判例が援用するように、本条二項の追徴は、犯人の任意的処分により没収不能になつた場合に限るとする趣旨のようにもとれないわけではない（本判決に対する岩田最高裁調査官の判例解説参照、「最高裁判例解説」刑事篇昭和三三年度三一六頁）。しかし、これらの点はともかくとしても、本判決が関税法の追徴も刑法のそれと同じく、没収に対する補充性的性質のものと理解し、従つて没収・追徴の一回性的性質、すなわち、同一物件についての没収・追徴は、それが実効をおさめた以上、関連事件であると否とに拘らず、もはや重ねてできないことを明らかにしたものであることは、疑いを容れないであろう。この点において本判決は、本条の没収・追徴に対する判例の態度を理解するために、見逃すことのできない重要な判例ということができる。

（四）　本条二項にいわゆる「没収することができない場合」とは、犯人たる被告人の任意的行為によつて没収不能を来した場合のみをいい、犯人の意思によらない原因で没収不能となつた場合はこれに当らないとする、一群の下級審判例がある。

【177】「論旨は本件犯罪行為の用に供せられた漁船香栄丸は昭和二十六年一月十七日朝鮮近海を航行中国連軍駆逐艦に撃沈されたため船舶所有者たる被告人から没収することは不能であるから関税法第八三条第三項に従い被告人に対し必要的追徴を命ずべきであると云い、原判決は法令の適用を誤つていると主張するのである。関税法第八三条が必要的没収及び必要的追徴を規定していることは所論摘記の通りであるが、もともと没収は犯人の所有権を剝奪する刑罰であると共に、犯人以外の者の所有に属する場合にも之を科し得ることを見れば、それはその物より生ずる社会的危険を防止し且犯人をして犯罪に因る不当な利益を保持せしめないようにする趣旨であつて、従つて没収は保安処分的性質をも具有し、追徴は補充的に、この没収の目的性質を確保するものであるから、関税法に規定する没収追徴もこの趣旨に則つて理解しなければならない。関税法第八三条の沿革を見るに、旧関税法第八三条は「本法ニ依リ没収スヘキ貨物カ犯則者以外ノ者ニ属シ又ハ消費其ノ他ノ事由ニ因リ没収スルコト能ハサルトキハ其ノ価額ヲ犯則者ヨリ追徴ス」と規定し、没収すべき貨物は輸入禁制品輸入罪（旧法第七四条）関税逋脱罪（旧法第七五条）に当る場合に限り無免許貨物輸出入罪（旧法第七六条）については現行法のように必要的没収の規定がなく、何れの場合にも船舶の必要的没収を規定せず、貨物の没収不能の場合として「消費」を例示しているのである。次いで昭和二一年勅令第二七七号（関税法罰則等の特例に関する勅令）第一条は、関税法第七四条及び七六条に当る罪の罰則を強化すると共に、第九条において現行関税法第八三条第一項第二項第三項と全く同趣旨の規定を設けているのである。そして同法第八三条第二項は「犯人以外ノ者犯罪ノ後前項ノ物（貨物及び船舶を含むものと考える）ヲ取得シタル場合ニ於テ其ノ取得ノ当時善意ナリシコトヲ認ムル能ハサルトキハ其ノ物ヲ没収ス」と規定し、この規定を承けて第三項に没収不能の場合の必要的追徴を定めているのであるが、この規定の立て方を没収追徴の保安処分的性質に則り関税法の沿革変遷を考慮して理解すれば、本条第三項に云う没収するこ

と能わざるときとは犯人が貨物又は船舶を任意処分してその所有権を失つた場合に限るものと解するを相当とする。ところで本件においては所論のように香栄丸は国連軍によつて撃沈され、犯罪による不当な利益は犯人の手に止つていないのであるから、被告人に対し船舶についての追徴を命じなかつた原判決は正当であつて、論旨は理由がない」（大阪高判昭二七・三・一一刑集五・三・三九二）。

【178】「原判決は所論第八紀水丸（旧天徳丸）は、被告人川野和平の所有であつたところ、犯行後他に処分されたことについては、被告人川野和平及び堤又右衛門の当法廷での各供述並びに大城満助の検察官に対する供述調書によつて認められるとして、被告人川野和平に対し、その価格五二五、〇〇〇円の追徴を命じている。ところが記録を調査すると、（中略）同船は与那国島附近で珊瑚礁に乗り上げ、他の便船で堤又右衛門が先に帰り、他の乗組員は同船を放置したまま台湾人林発の世話で便船を得て帰国したがその後林発は同船を自己の所有とする手続として建安丸と改名し、運送船に使用していたことが認められる。すなわちこれによれば、第八紀水丸は偶然の事故により、被告人川野和平の所有及び占有を離脱し、同船が供用された判示第二〇の密輸出の共犯者である沖縄在住の中国人林発の手に帰したもので、むしろ同人より没収さるべき関係にあることが明らかである。ところが旧関税法（昭和二三年法律第一〇七号により改正されたもの）第八三条第三項又は昭和二一年勅令第二七七号（関税法の罰則等の特例に関する勅令）第九条第三項には、没収すべき物の全部又は一部を没収することが不可能のときは、その没収することができない物の原価（犯罪行為に供した船舶のときはその価格）に相当する金額を犯人より追徴する旨が規定され、その改正前の関税法第八三条第一項の「消費其ノ他ノ事由ニ因リ没収スルコト能ハサルトキ」の文言が削除されているのであるが、犯人の消費等任意の処分によらずして没収が不可能になつた場合にまで、犯人の所有、占有を離脱した供用船舶の価格を追徴することは、同法が没収、追徴を科した趣旨に副わないものと解せられ、右改正後の第八三条は改正前と同様に理解するを相当とする。前記第八紀水丸は、被告人川野和平の処分によつて没収することができなくなつたのではないことは前記のとおりであるから、同被告人に対しその価格につき

追徴を命ずべきではないのに、これを命じている原判決には法令の適用を誤った違法があり、云々」（大阪高判昭三三・五・六高裁特報五・六・一九五）。

【179】「本件犯罪にかかる物件（編註、売却処分のあっせんをした腕時計）は、他事件についての処分の結果にせよ、すでに国庫に帰属した以上本件被告人に対する関係においても事実上これを没収するに由ない事態にいたったわけであるが、右のように、密輸貨物の処分のあっせんをした犯罪を組成する物件について、没収不能の原因が、犯人である被告人の任意的行為によったものではなく他事件における税関長の通告処分という国家行為に基づく場合には、当該物件を関税法第一一八条第二項にいわゆる「没収することができない場合」にあたるとして追徴することは許されないと解すべきである。けだし、前述したとおり、本件のような犯罪組成物件とみられるものについて法が追徴を科する理由は、犯罪の取締を厳に励行しその禁圧の徹底を期するため懲罰的にこれを加えるものにほかならないとするにしても、その没収不能の原因が右のような本人の責に基かない事情による場合、なおこれを科する必要を認めないし、またそうすることはかえつて当を得ないものと考えられるからである。（最高裁昭和三三年四月一六日大法廷判決、判例集一二巻六号九二三頁参照。同判決の理由は必ずしも明らかでないが、上と同旨に出たものと推測されるのである。）」（東京高判昭三四・六・四、前掲【165】と同一判決）。

かような一連の判例にみられる解釈の当否はともかくとして、そこに、あまりにも苛酷な本条の追徴を、できる限り差控えようとする実践的な意図が潜んでいることは否定できないであろう。ただ、犯罪供用物件たる船舶の価額の追徴について、【177】の判例のように不正利益剝奪の趣旨を強調することは、理論的には問題がある。また、他事件における通告処分によってその物件の没収が行なわれたとき、本事件の被告人に重ねて追徴を科し得ないことの理由づけは、【179】の判例のように、敢えて没収不能の原因が犯人の任意的処分行為によらない点に求める必要はないであろう。刑事処分による没収・追徴と税関長の通告処分によるそれとの同質性を考えるならば、次掲【180】の最高裁判例の趣旨は、かような場合にも及ぼし得るからである（この趣旨を明示するものとして、東京高判昭三六・二・一四刑集一四・二・六三、後掲【182】と同一判決）。なお、後掲【181】【182】の判例参照。

（五）　関税逋脱物が甲、乙、丙と数人の知情者間を転々譲渡された場合、各人について各独立した犯罪が成立する。かような場合、最終知情取得者丙に対して犯罪貨物の没収が言渡されたときは、既に所有権を失つている甲、乙に対し、その価格に相当する金額を追徴し得るかという問題がある。判例は、右のような場合も、既に述べた一個の犯罪に多数の共犯者が関与している場合と全く同様に解し、知情者の一人から没収し得る以上、他の者に対しても没収を科すべきであつて、その価額を追徴することは許されないものとする。もつとも、次掲【180】の最判は、かかる場合に追徴を命じた原判決を破棄しながら、その物の没収を科さなかつたが、これは不利益変更禁止の原則を顧慮したためであろうか（本判決に対する川添最高裁調査官の判例解説参照、「最高裁判例解説」刑事篇昭和三六年度三〇六頁）。また、他の知情者に対する没収あるいは追徴の執行が完了した場合については、別の考慮が払わるべきことはもちろんである。この点については、前出四七頁以下及び一二五頁以下参照。

【180】　「原審の是認した第一審判決認定の事実は、被告人は関税逋脱品であることの情を知りながら、氏名不詳者から外国製腕時計合計七七個を有償取得し、さらに原審相被告人平田誠一は、同じく情を知りながら、被告人から右七七個の時計の内の六七個を含む外国製腕時計合計一三九個を有償取得し、かつ右七七個

の時計の内の他の一〇個を運搬したというのであつて、原判決は、右事実関係に基づき、平田誠一から没収の言渡のあつた七七個の時計は、被告人の右犯罪にかかり、被告人はこれを平田誠一に売渡したがなおそれに代わる価額を保有するものであるから、関税法一一八条二項により犯罪当時の価格に相当する金額を追徴しなければならないとして、その価額三六〇、六〇〇円を追徴する旨の言渡をしたことが明らかである。

しかし右第一審判決認定の事実によれば、同判示七七個の時計は、同条一項に掲げる同法一一二条の犯罪にかかる貨物であり、右平田誠一がその情を知つて被告人から有償取得しまたは運搬したものとして、原審において右平田に対し没収の言渡をしているのであるから、右一一八条二項にいわゆるこれを没収することができない場合または没収しない場合のいずれにも当らないことが明らかであつて、同項によりその価格に相当する金額を追徴することは、許されないものといわなければならない」（最判昭三六・一二・一四刑集一五・一一・一八四五）。

右の最高裁判例と同じ見解に立ち、しかもその理由を詳細に述べるものとして、次の二つの高裁判例がある。

【181】犯則貨物が被告人の譲渡先に対する通告処分によつて既に国庫に帰属した場合でも、被告人に対しては別途にその価格相当額の追徴を科すべきであるとする検察官の控訴趣意に対し、

「所論は関税法第一一八条第二項の「犯人」とは同法第一〇九条乃至第一一二条のいずれかの犯罪をなした者を汎称するものであつて、これらの犯人は第一一八条第一項第一号該当以外の場合は総て没収か追徴のいずれかの一方を科せられるものである旨を強調し、たばこ専売法、塩専売法に関する判例を引用するのであるが、関税法第一一八条第一項第二号の反面解釈によると、前記犯罪が行われた後犯罪貨物等を譲渡した場合においても、譲受人が情を知つている限り譲渡人たる犯人から当該貨物を没収し得るものと解すべきことは既に述べたとおりであり、ここにいう知情譲受人の中に同法第一一二条所定の故買者等を含むことは文理上異論がないものと考えられる。しかるにたばこ専売法（第七五条二項）、或は塩専売法（第五一条第二項）

においては「前項の物件を他に譲り渡し、若しくは消費したとき、又は他にその物件の所有者があつて没収することができないときはその価格を追徴する」と規定し、犯人が没収すべき物件を他に譲渡した場合は、譲受人の善意悪意を問わず総て没収に替えて犯人からその価格を追徴する旨定めているのであつて、関税法第一一八条と法意を異にするから所論引用の判例は本件に適切でない。

なおまた所論は原審の見解によると、犯則貨物を転売した犯人の利得を無視する結果となり貨物又はこれに替るべき価格が犯則者の手中に存在することを禁止しようとする没収追徴の本来の意義を没却するのみでなく、同一貨物について転々犯則譲渡が行われた場合、先ず本犯又は前順位の犯則者が検挙裁判を受けるとすれば当然追徴の言渡を免れないところであり、後に至つて犯則貨物の所持者すなわち最後の悪意譲受人が裁判を受けるとすれば同人に対し没収の言渡があることも必然であるから裁判時を異にすることによつて首尾一貫しない結果を招来し不都合があると主張するのであるが、しかし没収追徴に関する関税法の規定がたばこ専売法或は塩専売法のそれと異る以上、犯則者の利得を看過する結果を来したとしても法の解釈上余儀ないところであるが、関税法第一〇九条乃至第一一二条の犯罪にはいずれも懲役刑の外罰金刑があり、しかも情状によつては両者を併科し得るのであるから、主刑の量定において考慮を加えるならば追徴によつて犯人の利得を剝奪するとさして逕庭のない結果を得ることは必ずしも困難の業ではない。更に又同一の貨物について累次の犯則譲渡が行われ各犯人が時及び所を異にして裁判を受ける場合において各裁判の間に矛盾乃至不合理と思われるような結果が生ずることのあり得ることは所論のとおりであるが、犯則貨物の所在を十分追求して没収すべき物件を押収し当初の審理事件において証拠物としてこれを提出する限り右のような矛盾乃至不合理は避け得られるのであり、又一連の他の被告事件で既に没収を執行している場合においてはその旨を後に審理する裁判所に通告すれば足りるのであるのみならず、没収追徴は裁判時を基準として為すべきものであるから、仮りに所論の如き不合理ないし不都合が時偶生じたとしてもこれを以て関税法の前記法条の法意の解釈を変えるべきものではないから前記非難は当を得ない」（広島高判昭三五・一〇・二五、前掲【70】【166】と同一判決）。

【182】「関税法における没収、追徴は、犯人からの利益の剝奪というよりも、むしろ犯則防止のための保安処分たる性質をも有するものであるから、既に同一犯罪貨物等について関係犯則者（共犯たると否とを問わない）の一人から没収があり、これ等が国庫に帰属した以上は、他の関係犯則者に対し没収に代る追徴をなすことは許されず、また犯罪貨物等が、数人の犯人の間に順次譲渡された後、その没収すべき物件が善意の第三者の所有に帰したため没収しない場合には、その数人の犯人にはいずれも関税法第百十八条第二項の規定により没収に代る追徴の言渡を受くべき責任は存するけれども、この場合においても、その一人から既に犯罪が行われた時の価格に相当する金額が追徴され国庫に帰属した以上、犯罪が数個存するの故をもって、更に他の関係犯則者から右金額を重畳的に徴収することは許されないものと解すべきである。（中略）

また、関税法第百十八条第一項第二号の反面解釈によると、犯人が同項所定の犯則貨物を譲渡した場合において、譲受人が犯則貨物であることの情を知っている限り、その物件が犯人の所有に属していなくても、これを犯人から没収すべきものと解すべきであるから、犯則貨物が数人の情を知っている犯人の間に順次譲渡され、最終譲受人の手中にある間に犯則事件が発覚し、右数人につき公訴が提起され、犯則貨物が証拠物件として押収されている場合、その数人の犯人は、各自同法条第一項の規定により没収の言渡を受くべき責任が存する筋合であるから、右貨物は右数人の犯人から没収する旨を言渡すのが相当であり、所有者以外の犯人につき、同法条第二項に規定する没収ができない場合に該当するものとして、没収に代る追徴を言い渡すべきではない。もっとも、右のような場合、数人の犯人の一人につき没収の裁判が確定し、犯則貨物が既に国庫に帰属しているときは、裁判未確定の他の犯人につき更に没収を言い渡すべきではないが、この場合においても、これらの犯人につき、前同様、没収することができない場合に該当するものとして、没収に代る追徴の言渡をすることは許されないものと解すべきである」（東京高判昭三六・二・一四刑集一四・二・六三）。

既に述べたように、大審院以来の判例は、関税法の没収・追徴を、単に不法利益の剝奪の趣旨に出るのではなく、むしろ密輸等の犯罪の取締を厳に励行し、その犯罪禁圧の徹底を期するための懲罰的性質のものとして理解してきた（前出一一七頁以下）。判例のかような見解を徹底しようとするのであれば、犯罪貨物が知情者間を転々譲渡されたような場合には、他の犯人に没収・追徴が科せられたと否とに拘らず、右【180】の事案における原審のように、取得者各人からその物の価額を追徴することこそ、望ましいものといわなければならない（かかる見解をとるものとして、神戸地判昭三五・一〇・一八下級刑集二・九、一〇合併・一二九〇）。しかも、犯則取締の強化をはかるための数次にわたる旧関税法八三条の改正の経過（前出一一五頁）と、これをふまえてできた現行法一一八条の立法趣旨とを考えると、かようないわゆる「段階的追徴」の考え方の方が、むしろ法意に忠実なものといえないでもない。また、判例がいうように、多数の関係犯則者（共犯たると否とに拘らないことになる）に対する追徴を、その執行段階で重複しないように調整することは、実際問題として容易なことではないであろう。

それにも拘らず、判例がいわゆる「段階的追徴」の考え方に消極的な所以は、単に本条の文言解釈上の根拠によるものとは思われない。かかる解釈態度の根底には、追徴の本質的な制約、すなわち、没収の換刑処分たる追徴が本来的に負担している、没収に対する補充性についての認識があるのではなかろうか。その結果、判例は、一方では追徴の懲罰的性格を強調しながら、他方これに「懲罰」あるいは「刑罰」そのものとしての意義を与えること（この場合、追徴は没収から切り離されて独自の存在価値を有することになる）には躊躇し、「国家ハ没収ニ代ルベキ追徴ニ依リ没収セラルベキ貨物ノ価額以上ヲ利得スベカラズ」とする大前提（前掲の大判【174】）を忠実にまもり、共犯者に対する追徴を不真正連帯債務的に理解し（前掲【173】乃至【175】、なお【163】の大判参照）、あるいは没収・追徴の一回性的性質を強調し（前掲の最判【176】）、更にまた、犯罪貨物の転々譲渡の場合にも、「段階的追徴」の概念を拒否することとなるように思われるのである。

かような判例の態度に対しては、その理論が一貫しないとし、または刑法の没収・追徴概念に拘泥し過ぎるとし、更には本条の立法趣旨と犯則取締上の必要性を理解しないものとする批判が加えられている（前掲、谷口「段階的追徴」、なお谷口判事の【180】の判決に対する判例批評、判例評論四六号）。しかしながら、判例が本条の追徴の懲罰的性格を揚言するのは、法文の不合理性に直面し、その説明に窮した挙句のことであって、必らずしもその本意に出たものではないと理解することも、あながち不当な見方とはいえないように思われる（前掲【165】の東京高判参照）。しかも、追徴の補充的な性格は、われわれの刑罰体系において、殆ど確定的なものとして理解されてきた。もちろん、本条の追徴の特異性は蔽うべくもないとしても、そのことから直ちに、追徴のかかる属性を否定し去ることは論理の飛躍というべきであろう。本条は、そのような解釈を余儀なくされる程、独自の論理構造を有しているものではない。本条の追徴といえども、依然没収あっての追徴に過ぎない。してみると、関税法においても、やはり追徴は没収とパラレルに理解すべく、これを没収から切り離して取扱うことは、当を得ないものであって、判例の解釈態度を正当としなければならない。

ただ、【180】の最判の立場に立つと、知情取得者の一人から犯罪貨物の没収がなされた場合には、他の者がそれの有償譲渡によって得た利益を放置する結果となる。そこで右【180】の最判は、かような不都合を避けるため、刑法一九条一項四号、一九条ノ二を適用して、犯人の得たその物の対価に相当する金額を追徴するという手段に出た。

【183】「……被告人が原審相被告人平田誠一に譲渡した外国製腕時計六七個（証拠番号省略）の代金合計一九一、一〇〇円は、被告人が原判決の是認した第一審判決判示第二の犯罪行為によって得た物の対価として得たものであるが、特定された金銭でなく、これを没収することができないから、刑法一九条一項四号、一九条の二に従い被告人から主文末項のとおり追徴することとし、云々」（最判昭三六・一二・一四、前掲【180】と同一判決）。

右判決は、関税法の追徴の性質を刑法のそれと別異に解し、両者は重複または抵触しないものという前提の下に、かかる措置に出たものと思われる。しかし、関税法の没収・追徴の特異性は否定しないにしても、殊に関税逋脱物の没収またはこれに代る追徴の場合、そこに犯人から不正な利益を剝奪する趣旨が含まれていないものと解することはできない。かような場合、法が第一義的に目的とするのは、むしろこの不正利益の剝奪にあるのではないであろうか。そして、没収に代る追徴にあっては、法は犯罪貨物の価額がこの不正利益を表わしているものと解しているように考えられるのである。

刑法一九条一項四号は、昭和一六年の刑法一部改正により新設された規定であって、その立法趣旨は、さきにも触れたとおり、経済統制時代にいわゆる闇価格で没収対象物を処分した犯人の得た不法の利益の剝奪を徹底せんとするにあった（前出三六頁、なお【58】【59】の判例参照）。この趣旨に従い、判例は、公定価格のある贓物の対価について、公定価格相当額は被害者に還付し、その余のいわゆる闇価格分は没収し得るものと解してきた（前掲【59】の最判）。かような同条項の趣旨からすると、犯罪貨物の没収に代る追徴についても、犯人が取得した利益が関税法一一八条二項にいわゆる「犯罪が行なわれた時の価格に相当する金額」を上廻る場合には、なお刑法の同条項及び一九条ノ二の適用を妨げないものと解し得るであろう。次掲【184】の広島高裁判例は、まさにこの理を明らかにしている。かかる適正価格超過分については、関税法一一八条は何ら規定するところがなく、その限りでは刑法の没収・追徴規定と重複するところがないからである。しかしながら、右の適正価額の範囲内においては、関税法の追徴と刑法の追徴の趣旨、性質が重複するものと解する以上、そこに一般法たる刑法の規定を適用する余地はないように思われる。

右判決の見解を徹底すると、同一犯人に対し、関税法による没収・追徴と、刑法によるその対価の没収・追徴とを同時に言渡すことも可能となる(本判決に対する前掲川添最高裁調査官の判例解説は、この旨を明言される)。もちろん、かようなことは実務上は殆ど起り得ないであろうが、かかる結論をみることは果して合理的であろうか。右判決が、適正価格の範囲内の金額について、特別法たる本条の適用を否定しながら、一般法たる刑法の没収・追徴規定を適用したことには、疑問なきを得ない。ちなみに東京高判昭三三・一二・九(刑集一一・一〇・五九七)は、関税贓物の没収については「関税法に特別の規定が存するので、刑法第一九条第一項第三号の適用は排除される結果、関税贓物の対価についても同法条項第四号の規定を適用してこれを没収することは許されない」旨判示している。

【184】「関税法第八十三条第三項に該当する原価を追徴するに当つては刑法第十九条に優先して右法条を適用すべきものであること、原判決が所論追徴をなすに当り旧関税法第八十三条第三項を適用せず刑法第十九条第一項第四号第二項第十九条の二を適用していることは所論の通りである。しかしながら旧関税法第八十三条の規定は同条に規定のない事項或は規定の範囲を超える事項について刑法第十九条の適用を排除する趣旨ではないと解すべきである。而して記録によると被告人会社は崔達竜より故買した本件の真鋳一噸七七

七瓩の中一噸〇七三噸位を情を知らない神鋼金属株式会社に原価を遥かに超える代金二十五万三千三百五十円で売却し同代金を受領の上費消している事実を認め得るのである。右の事実関係によると故買行為に因り得た物の対価二十五万三千三百五十円を没収することができないのであるから、関税法第八十三条第三項の関係を離れると、刑法第十九条第一項第四号第二項同条の二に則り被告人会社より同金額の追徴をなし得べきことは異論なかるべく、只問題はこの場合原価の範囲においては旧関税法第八十三条第三項が必要的追徴を規定しているのであるから同条項を適用し、原価を超える部分についてのみ前記刑法各条項を擬律すべきではないかとの疑問である。しかし以上のように特殊な場合においては旧関税法第八十三条第三項の必要的追徴の趣旨に反しない限り追徴金の全額について前記刑法各条を一括適用しても必ずしも違法ではないものと解すべきである」(広島高判昭二九・七・一五高裁特報一・一・二三)。

(六)　追徴の価額について、旧関税法八三条三項は「没収スルコト能ハサル物ノ原価(犯罪行為ノ用ニ供シタル船舶ナルトキハ其ノ価額)」と規定し、現行関税法一一八条二項は「没収することができないもの又は没収しないものの犯罪が行なわれた時の価格」と規定している。判例は、旧法の「原価」を輸入または逋脱に関する犯罪に係る物の場合と、輸出に関する犯罪に係る物の場合とにわけて考え、前者は輸入の際の抽象的な到着価格(いわゆるC・I・F・価格)をいい、後者は当該貨物と同種同質の物の国内卸売価格と輸出港における船積までの一切の費用を合算した抽象的価格(いわゆるF・O・B・価格)をいうとした(【185】)。しかし、現行法にいう「犯罪時の価格」とは、輸入貨物については犯罪当時の国内卸売価格(関税及び内国消費税込)をいうものとする(【186】)。現行法の下における輸出貨物の価格についての判例は、まだ見当らない。

【185】「関税法旧八三条(本件では昭和二三年七月七日法律一〇七号による改正のもの)にいわゆる原価

は、同法七四条、七五条又は七六条中の輸入又は逋脱に関する犯罪に係る物の場合と同法七六条中の輸出に関する犯罪に係る物の場合と異るものである。いずれの場合でも、その物の具体的取引価格又は一般経済界における通俗の意味の「原価」とその観念を異にするものであることは、原判決説示のとおりであるが、先ず後者、すなわち、輸出原価についていえば、それは、いわゆるF・O・B・価格を指すものであつて、当該貨物と同種同質の物の国内における卸売価格と輸出港における船積までの一切の費用（運送費用、保管料、積込費用等）を合算した抽象的価格をいうものである。（中略）

次に、前者、すなわち、輸入原価とは既に昭和一一年一二月一四日大審院が関税法旧七五条但書にいわゆる原価につき判示したごとく（判例集一五巻一六四頁以下参照）、輸入の際における（単なる到着の時ではなく、実際輸入手続をした時）抽象的な到着価格をいうものであつて、その価格の認定に当つては、通常は正当に作成されたと認められる仕入書（インボイス）に表示されたC・I・F・価格すなわち、生産地若しくは仕入地における原価に荷造費、保険料、運送費その他輸入港に到着するまでの諸費を加えた価格によるべきであるが、これによること困難であるときは、同種、同質の物品の国内における市場価格から関税その他の通常の諸費用を控除する等適正と認められる価格によるを相当とするものであることというまでもない」（最判昭三二・二・一四刑集一一・二・七二七）。

【186】「本件犯行に適用せられる現行関税法一一八条二項にいう「その没収することができないもの又は没収しないものの犯罪が行われた時の価格」とは、その犯罪が行われた当時における国内卸売価格（関税及び内国消費税込をいうものと解すべきである云々」（最決昭三五・二・二七刑集一四・二・一九八）。

追徴金の算定に当つては、犯人が貨物買受について支出した代金等を控除すべきでないことは、もちろんである（東京高判昭三四・四・四刑集一二・四・四三一）。

なお、旧関税法八三条一項は「……ノ犯罪ニ係ル貨物又ハ其ノ犯罪行為ノ用ニ供シタル船舶ニシテ犯人ノ所有又ハ占有ニ係ルモノ」と規定していたところから、追徴の場合においてもその物が裁判時において犯人の所有または占有に属していることが必要なのではないかということが争われた。仙台高裁秋田支部の昭和三三年一月二九日判決（高裁特報五・四・一〇三）は、これを積極に解し、「逋脱物件を一時有償取得した者であつても、これを他に譲渡し、その所有又は占有を失つた場合には、この犯人に対しては没収・追徴を言渡し得ない」旨判示した。しかし、最高裁の判例はこの見解を退け、追徴の場合には、その物が裁判時に犯人の所有または占有に属することを必要としないものと判示している。

【187】「旧関税法（昭和二三年七月七日法律一〇七号により改正のもの、以下同じ）八三条三項は、同条一項又は二項により没収すべき物を犯人が消費するとか他に譲渡するとかしたため、その物自体を没収することができなくなつた場合に、その物の価格又は原価を追徴すべきことを規定したものである。従つて追徴の場合には、その物が裁判時において犯人の所有又は占有に属していることを要するものではない。犯行時において犯人の所有又は占有に属し、そのままの状態が裁判時まで続いていたとすれば、没収できる物が、その後譲渡、消費等の事由で没収することができなくなつたときは、その物の価格又は原価を追徴し得るのである」（最判昭三三・六・二刑集一二・九・一九三五）。

四　たばこ専売法七五条

本条の必要的没収・追徴の規定が、刑法一九条、一九条ノ二の規定と、特別法、一般法の関係にあること（最判昭二八・八・二五刑集七・八・一七六二）はもちろんである。本条の趣旨については、後掲【192】の判例参照。

法人や人の使用人、その他の従業者等が、その業務または財産に関して本法七一条乃至七四条の違反行為をしたときは、行為者のみならず、その法人や人も罰せられる（七七条）。かような場合には、法人または人に対しても、所定の罰金の外、本条の没収・追徴を科すことができる。

【188】「本件のような場合には、被告会社に対し、たばこ専売法七七条、七一条の罰金のほかに、没収、追徴をも言い渡し得るものであることは、同法七五条、刑法八条、九条、二〇条の各規定の趣旨に徴し疑いのないところであるから、所論は採用できない」（最決昭三三・五・二四刑集一二・八・一六一一）。

ただかかる場合、行為者も訴追されて没収・追徴の言渡を受けたとすると、両者の関係が問題になる。右の判例はこの点について触れていないが、恐らく共犯の場合（後掲【193】参照）に準じて考えることになるものと思われる。

本条の没収・追徴は、単に正犯に対してのみでなく、その従犯、教唆犯に対しても科し得るものと考えられる。しかし、次の判例は、従犯たる被告人が実質的には共同正犯にも比すべき重要な役割を果していたことを特に強調している点で、聊か問題がある。

【189】「……原判決挙示の証拠に徴するときは、被告人清水の本件違反にかかる多量の製造たばこの無指定販売というような行為は、その目的物件を入手するにつき、指定小売人たる被告人加藤の原判示のような協力がなければ、最初から到底これを企て得られないような事情にあつたことが認められるのであつて、被告人加藤が本件違反において果した役割は、極めて重要であつたというべく、検察官の起訴は、従犯であるけれども、実質的には、共同正犯に比すべき立場にあつたものと考えられるので、以上の諸点にかんがみるときは、本件違反にかかる物件については、被告人加藤に対しても追徴の言渡をすることが、前示たばこ専売法第七五条第二項の立法趣旨に合致するものといわなければならない」（東京高判昭三二・六・一一五刑集一〇・四・四一三）。

次の判例は、指定小売人が一旦消費者に売渡した製造たばこを専売公社または指定小売人でない者が販売した場合のそのたばこも、本条の没収・追徴の対象となることの理由を明らかにする。

【190】「たばこ専売法によるたばこ専売制度が結局において国家財政上の収入をその根本目的とすることは所論のとおりであるけれども、同法は右根本目的の下に、その企業独占の実を具体的に確保し且つ該企業の健実な運営及びその信用の保持等を期するため、たばこの耕作、製造たばこの製造、輸入、販売、輸出等の各段階において諸種の規制をなし、特に販売の段階においては、製造たばこの販売機関を日本専売公社及びその指定小売人限定（同法第二十九条）すると共に公社及び小売人に対し厳重な監督統制（同法第三十条、第三十一条、第三十四条乃至第三十六条、第三十八条乃至第四十条等）をしていることに鑑みれば、たとえ指定小売人が一旦消費者に売り渡した所論の製造たばこであつても、公社又は指定小売人でない者が反覆継続してする意思の下に、これを他に販売し又は販売の準備をする場合は、たばこ専売法の根本目的とする財政収入の面において直接の侵害を与えるものとは云い難いけれども前記のような諸種の監督統制を乱し、ひいては右根本目的を阻害することになるから、かような行為は同法第二十九条第二項に違反するものと解するを相当とし（昭和三〇年(あ)第一〇二五号、同三二年七月九日最高裁第三小法廷決定、判例集一一巻八号二〇五五頁参照）、他面同法第七十五条は、犯則物件又はこれに代るべき価格が犯則者の手に存することを禁止すると共に国がたばこの専売を独占し、もつて前記目的を確保するため、特に必要没収、必要追徴の規定を設け、不正たばこの販売などの取締を厳に励行しようとする趣旨であると解せられるから、前記のように、指定小売人が一旦消費者に売り渡した製造たばこであつても、これを更に販売し又は販売の準備をした行為につき、一定の条件の下に同法第二十九条第二項第七十一条第五号の罪の成立を認める以上、右犯罪にかかる製造たばこにつき没収追徴を言い渡すことは当然であり、国が既に財政収入を得ていることを理由として例外的取扱をすべきいわれはない」（東京高判昭三六・一〇・一二刑集一四・八・五五五）。

本条一項の没収が第三者所有物にも及ぶかどうかについては、規定上必ずしも明らかでない。次の判例はこれを消極に解している。

【191】「たばこ専売法第七五条第一項においては「七一条の犯罪に係る製造たばこは没収する」とあって

刑法第一九条第二項の如き制限がないからその物が犯人以外の者に属する場合でも没収すべきかの如く読まれるのであるが、同条第二項後段の規定を対照すると単に没収するとあるのは刑法第一九条が没収することを得とし没収すると否とを裁判官の自由裁量に委せたのに対し、必ず没収すべく規定したもので他に正当な所有者がある場合でも尚且つ没収するという趣旨でないことが明かである。尤も本件の場合犯罪に係る製造たばこは他に正当な所有者がある為めその者に還付され、犯罪によつて得た利益を保持しない被告人に対し、更に追徴を科するのは甚だ酷に失するのみならず没収並に追徴の本旨に反すると思われるが、前記法条の解釈上已むを得ないのである」（広島高岡山支判昭二八・五・二八特三一・七四）。

本条二項の追徴の価額については、これをその物件の客観的に適正な価格とする説（例えば東京高判昭二九・七・二〇刑集七・七・一〇九八）と、犯人が譲渡によつて得た金員に相当する額とする説（例えば名古屋高判昭二九・二・二五刑集七・五・六五〇）とにわかれていたが、最高裁は前説をとつた。

【192】「たばこ専売法七五条は、犯則物件またはこれに代るべき価額が犯則者の手に存することを禁止するとともに、国が、たばこの専売を独占し、もつて国の財政収入を確保するために、必要没収、必要追徴の規定を設け、不正たばこの販売などの取締を厳に励行しようとする趣旨であると解せられるから、同法七五条二項にいわゆるその価額の追徴とは、現実の取引違反の価額の如何にかかわらず、その物件の客観的に適正な価額の追徴を意味し、当該物件が日本専売公社によつて定価の公示された製造たばこ（輸入製造たばこを含む）にあたると認められるものについては、その価格により、公示された定価のないものについては、客観的に適正と認められる価額によるとするのを相当とする」（最判昭三一・一二・二八刑集一〇・一二・一八一一）。

犯則たばこが甲、乙、丙と順次譲渡され、丙から没収される場合、甲及び乙に対して右物件に代る追徴を言渡すことができるかという問題がある。この問題についても下級審判例の見解がわかれていた。積極説をとるものとして、例えば高松高判昭二九・四・二七刑集七・八・一一七五、消極説をとるものとして、例えば広島高岡山支判昭二七・二・二〇刑集五・二・二六七がある。しかし、最高裁は【193】の決定において、積極説をとった原審（東京高判昭三一・二・二七）の見解を肯定し、いわゆる段階的追徴の建前を明らかにした。なお右最高裁決定は、犯則たばこを譲渡した事実についてのみ訴追され、有罪とされた被告人に対しても、譲渡したたばこの価額を追徴できる旨の原審の見解をも肯定している。この事件の第一審判決（宇都宮地判昭三〇・二・二一）は、譲渡前における所有、所持または譲受が訴追されない以上、本条一項、二項を適用する余地がない（本条二項で譲渡というのは、一項で所定犯罪のため没収可能となった物件を当該犯則者がその後に譲渡した場合のことであると解して）と判示していた。

【193】「原判決がたばこ専売法七五条一項所定の物件を他に譲り渡した事実ある以上、その物件の価額を追徴しなければならないものと解したことと並びに同条二項の追徴額をその物件の客観的に適正な価額と解したことは正当である。次に、原判決が没収した煙草の価格を重ねて追徴した事実は認められない。また、共犯者は追徴につき各自連帯合同の責を負担するがその一人がその全額を納付したときは、他の者が納付の責を免れること論をまたない」（最決昭三三・四・一七刑集一二・六・一〇五八）。

もっとも、同一人につき同一のたばこに関する譲受けと譲渡しが共に犯則とされる場合には、同一のたばこに代る追徴を二重に科すことは許されない。

【194】「たばこ専売法七五条一項は、同法七一条等の犯罪に係るたばこ等はこれを没収する旨規定し、同条二項においては前項の物件を他に譲り渡した等の事由で没収することのできないときはその価額を追徴する旨規定しているのであるが、右の規定は、不正たばこ又はこれに代るべき価額が犯則者の手に留まること

がないようにする趣旨であると解せられるから、同一人につき同一のたばこに関する譲受けと譲渡しが共に犯則とせられる場合犯則者の譲り受けたたばこが他に譲り渡されたため没収することができないとしてその価額を追徴する以上、重ねて同一人の右譲り渡した同一のたばこに代るべき価額をも追徴することは許されないものといわなければならない」（仙台高判昭三二・九・一〇高裁特報四・二〇・五一九）。

共犯者が数人ある場合には、その各人に対し、価額全額を追徴する（東京高判昭三三・一一・二四高裁特報五・一二・四五八）。その一人が納付した分については、他の者も納付の責を免れることにつき、前掲【193】参照。すなわち、判例は関税法の追徴におけると同様に、本条の追徴についても、共犯者間に不真正連帯債務的関係を認める。

次の判例は、本条の立法趣旨から、本条の追徴に際しては犯人が支払った代金を控除すべきではないとする。かかる判例の態度は、本条に関してに限らず、関税法についてもみられたところであった。

【195】「たばこ専売法七五条はたばこの専売によって、国の財政収入を確保せんとする目的の為めに不正たばこの販売等の取締を厳に励行すべく、犯則物件または、これに代るべき価額が犯則者の手裡に存することを禁止する趣旨に出ているのであるから（前掲【192】判決参照）、同条二項は所論のように犯罪にかかる物件が没収不能の場合、犯罪に因る不正な利益を犯人の手許に残させないという意味だけのものではなく、原判示の日本専売公社の売渡さない製造たばこをその盗贓品であることを知りながら譲り受けたような場合には、たとい、右たばこを入手するため代金を支払ったとしても、譲受人から右代金を控除することなく、違反にかかる製造たばこの価額を追徴させる趣意のものと解するを相当とする」（最決昭三五・三・三一刑集一四・四・五〇八）。

地方裁判所判例

最高裁判所判例

高等裁判所判例

判例索引

大審院判例

著者紹介

伊《だ》達《て》秋《あき》雄《お》　法政大学教授・弁護士
松《まつ》本《もと》一《いち》郎《ろう》　弁　護　士

総合判例研究叢書　刑　法（20）

昭和38年10月 5 日　初版第1刷印刷
昭和38年10月10日　初版第1刷発行

著作者　伊　達　秋　雄
　　　　松　本　一　郎

発行者　江　草　四　郎

東京都千代田区神田神保町2ノ17
発行所　株式会社　有　斐　閣
電話（331）0323・0344
振替口座 東京 370番

堀内印刷・稲村製本

総合判例研究叢書 刑法(20)
(オンデマンド版)

2013年2月1日　発行

著　者　伊達　秋雄・松本　一郎
発行者　江草　貞治
発行所　株式会社 有斐閣
〒101-0051　東京都千代田区神田神保町2-17
TEL　03(3264)1314(編集)　03(3265)6811(営業)
URL　http://www.yuhikaku.co.jp/

印刷・製本　株式会社 デジタルパブリッシングサービス
URL　http://www.d-pub.co.jp/

AG520

ISBN4-641-91046-4　Printed in Japan